Janine Eck | Kristina Offermann

111 Orte für Kinder in Potsdam und Brandenburg, die man gesehen haben muss

111

emons:

Bibliographische Informationen der Deutschen Nationalbibliothek
Die Deutsche Nationalbibliothek verzeichnet diese Publikation
in der Deutschen Nationalbibliografie; detaillierte bibliografische Daten
sind im Internet über http://dnb.d-nb.e abrufbar.

MIX
Papier | Fördert gute Waldnutzung
FSC® C083411
FSC www.fsc.org

Layout: Editorial Design & Artdirection, Conny Laue, Bochum,
nach einem Konzept von Lübbeke | Naumann | Thoben und Nina Schäfer
Kartografie: altancicek.design, www.altancicek.de
Kartenbasisinformationen aus Openstreetmap,
© OpenStreetMap-Mitwirkende, ODbL
Druck und Bindung: CPI - Clausen & Bosse, Leck
Printed in Germany 2024
ISBN 978-3-7408-2227-9
Erstausgabe 2020
Aktualisierte Neuauflage März 2024

VORWORT

Oh, wie schön ist Brandenburg. Wie kleiner Tiger und kleiner Bär zogen wir los, um unser Traumland zu finden. Und siehe da – rund um die Metropole Berlin fanden wir es. Die Mark Brandenburg. Egal, in welche Himmelsrichtung man fährt, man landet ja immer in Brandenburg. Plattes Land? Denkste! Brandenburg steckt voller Überraschungen und das macht richtig Spaß!

Bei den Recherchen für dieses Buch düsten wir von der Uckermark bis in die Lausitz, von der Prignitz bis an die Oder, und fragten neugierig: Wat is'n ditte? Doch halt. Nehmt euch Zeit und entdeckt mit euren Kids die schönsten Stellen, die dieses Bundesland auf fast 30.000 Quadratkilometern zu bieten hat.

In Brandenburg und in der Landeshauptstadt Potsdam findet ihr überwältigende Natur und kuriose Plätze. Grün und bunt. Alt und modern. Schwingt euch mit einem Tarzanseil in glasklares Seewasser, staunt über eine senkrecht hochgeklappte Straße, besucht das kleinste Sägewerk Brandenburgs und kickt auf einem kreisrunden Fußballplatz. Ja, dit allet jibt's – und noch viel mehr.

Einen Schatz haben wir nicht gefunden, aber 111 Orte, die fetzen.

111 ORTE

1_DAS ERDBEERFELD

Süße Früchte frisch vom Feld

Rot, süß und saftig: Erdbeeren sind einfach lecker. Das wussten schon unsere Vorfahren in der Steinzeit. Sie sammelten die Walderdbeere. Die heutige Gartenerdbeere gibt es seit 1750.

Am besten schmecken die Früchte, wenn man sie frisch vom Feld pflückt. Und das können kleine und große Naschkatzen zwischen Mai und Juli in Wesendahl, östlich von Berlin. Auf riesigen Feldern werden dort Erdbeeren angebaut. In langen Reihen wachsen die Pflanzen, dazwischen liegt Stroh. So bleiben die Beeren trocken und faulen nicht. Wobei streng botanisch gesehen ist der Begriff Beere ja eigentlich falsch. Die korrekte Bezeichnung: Sammelnussfrucht. Die kleinen gelben Nüsschen auf der Außenseite sind die eigentlichen Früchte.

Weltweit gibt es mehr als 1.000 Erdbeersorten, ungefähr sieben davon werden in Wesendahl angebaut. Sie unterscheiden sich in Form, Farbe, Größe und Geschmack. Auch die Erntezeit ist verschieden. Eins haben jedoch alle gemeinsam: Die süßen Früchte sind gesund. Sie sind reich an Vitamin C, enthalten Mineralstoffe und Spurenelemente wie Eisen, Kalium und Mangan. Alles klar? Na dann mal los. Die Körbe sind schneller gefüllt, als man denkt. Der Pflückprofi braucht etwa zehn Minuten für einen Korb, der Amateur etwas länger. Denn: Naschen ist inklusive. Neben Erdbeeren könnt ihr in Wesendahl auch Süßkirschen pflücken. Die notwendigen Hilfsmittel für die Ernte wie Pflückeimer und Leitern warten vor Ort. Am Wochenende gibt es einen Grillstand, Kaffee und Kuchen.

Adresse Hirschfelder Straße, 15345 Altlandsberg-Wesendahl, www.bb-obst.de // Anfahrt B 158, in Werneuchen-Ost auf die L 230 und dann rechts in die Hirschfelder Straße // Öffnungszeiten Selbstpflücke: siehe Homepage // ab 2 Jahren

TIPP: Lust auf Theater? Eine halbe Autostunde entfernt befindet sich das Geschichtenreich Börnicke, das wohl kleinste Theater Brandenburgs.

2_DIE BLUMBERGER MÜHLE

Ein Baumstumpf, der es in sich hat

In der Blumberger Mühle in Angermünde empfängt uns ein sprechender Baum. Als wir es uns im Blättersitzsack gemütlich machen, beginnt er zu erzählen: »Guten Tag. Darf ich mich vorstellen? Eiche ist mein Name, 462 Jahre jung, Geburtsort und Standort Uckermark. Ich bin der berühmte sprechende Baum.« Eiche lädt uns ein, unser grünes Wunder zu erleben. Alles klar, Eiche. Wir wundern uns. Nicht nur über die ungewöhnliche Form des Gebäudes – es ist einem Baumstumpf nachempfunden –, auch über den riesigen Findling. Mitten im Raum liegt das dicke Ding. Wie hat es nur durch die Tür gepasst? Gar nicht. Das Haus wurde um den Stein herumgebaut.

Im Moorraum ist alles hell und bunt. Wir gruseln uns trotzdem ein bisschen. Stichwort: Moorleiche. In der Waldausstellung tauchen wir ein in Eiches Welt. Wir staunen über totes Holz, das voller Leben ist. Schließlich geht es raus und rein in die 120.000 Quadratmeter große Naturlandschaft. Hier wühlen die Wollschweine Piggeldy und Frederick im Stroh, strecken 20 Sumpfschildkröten ihre Köpfe aus dem Wasser und blöken 18 Skudden-Schafe fröhlich vor sich hin. Außerdem entdecken wir Honig- und Wildbienen, schleichen uns an verschiedene Amphibien an und lauschen den Lauten des Seeadlers. Natur pur!

Namensgeber dieses Ortes ist der Müller Blumberg. Er betrieb hier um 1700 eine Mühle. Davon sind heute allerdings nur noch ein paar Überreste zwischen den Blumberger Teichen zu finden.

TIPP: Bis zu 2,80 Meter groß und 160 Kilogramm schwer: Auf dem Straußenhof Angermünde könnt ihr die großen Laufvögel kennenlernen.

Adresse Blumberger Mühle 2, 16278 Angermünde // **ÖPNV** Bahnhof Angermünde, weiter mit Bus 462 (Mo – Fr), Biberbus (April – Okt.) oder Rufbus 476, 477, 478, Haltestelle Angermünde Blumberger Mühle; oder vom Bahnhof Angermünde mit dem Fahrrad, den Schildern folgen // **Anfahrt** A 11, Ausfahrt Pfingstberg, Blumberger Mühle ausgeschildert // **Öffnungszeiten** April – Okt. Mo – So 10 – 18 Uhr, Nov. – März Mo – So 10 – 16 Uhr // für jedes Alter

3_DER MARKTBRUNNEN

Mäuse zählen auf dem Marktplatz

Eins, zwei, drei, vier, fünf. Fein säuberlich aufgereiht liegen vor der Katze die Mäuse. Auf einem Stuhl eine Flöte, Gemüse und dazwischen: Maus Nummer sechs. Und da, guck, an der Lehne: Maus Nummer sieben! Auf dem Tisch keine Maus, aber vielleicht im Werkzeugkasten?

Die Plastiken gehören zusammen mit Hilde, Heinz und dem alten Kahn, aus dessen unzähligen Löchern Wasser sprudelt, zum Angermünder Marktbrunnen. Gestaltet wurde der Brunnen von Christian Uhlig. Kein Brunnen mit einem winters schmutzigen Becken sollte es sein. Stattdessen: immer frisches Wasser und überall begehbar! Anfangs gab es großen Streit um den Brunnen. Die Bürger fanden Uhligs Idee zu modern. Ein Brunnenbecken hätte es sollen sein. Bitte mit Fontäne! »Bei der Einweihung haben die Kinder dann aber alles geklärt und den Brunnen voll in Beschlag genommen«, erinnert sich der Bildhauer.

Besonders viel Spaß bereiten ihm die Vögel auf den Stangen. Sie spritzen auch nach hinten. Die Angermünder lassen sich dadurch etwas bepinkeln. Das ist nur eins von vielen lustigen Details. Die Katze trägt einen Papierhut auf dem Kopf. Hildes Hut schmücken Messer, Gabel und Löffel. Und was versteckt Heinz hinter seinem Rücken? Genau! Maus Nummer acht. Oder ist es Nummer neun oder zehn? Das weiß selbst Christian Uhlig nicht. Also noch einmal von vorne gezählt. Eins, zwei, drei, vier, fünf.

TIPP: Störche gucken? Das kann man in Angermünde im Friedenspark. Auf der Spitze des Pulverturms nisten die Rotschnäbel seit 1850.

Adresse Markt, 16278 Angermünde // ÖPNV Bahnhof Angermünde, dann 10 Minuten Fußweg // Anfahrt A 11, Ausfahrt Joachimsthal, auf B 198 weiter nach Angermünde // Öffnungszeiten frei zugänglich // für jedes Alter

ANGERMÜNDE-ALTKÜNKENDORF

4_DER GRUMSIN

Wild und wunderbar

»Die sind ja astrein gewachsen!« – »Du meinst kerzengerade?«, sinnieren die beiden Mütter beim Anblick der großen Bäume. Dann lachen die Frauen. Beides trifft auf die glatten, geraden Stämme der Buchen zu, die hoch in den Himmel ragen. Seit Juni 2011 ist der Grumsin Teil des UNESCO-Weltnaturerbes »Alte Buchenwälder und Buchenurwälder der Karpaten und anderer Regionen Europas«. Dazu zählen 78 Waldgebiete in zwölf europäischen Ländern. Der Grumsin ist einer der größten zusammenhängenden Tieflandbuchenwälder weltweit. Die Kernzone ist 560 Hektar groß und für den Menschen tabu. Außen entlang kann man auf vier verschiedenen Wanderwegen (markiert mit Blattsymbolen in Orange, Gelb, Rot und Grün) die Schönheit der urtümlichen Natur bewundern.

Nördlich des Buchenwaldes startet die etwa sechs Kilometer lange Runde am Infozentrum an der Dorfkirche in Altkünkendorf. Über eine kleine alte Landstraße und Wiesen geht es Richtung Louisenhof, dann in den Wald. Je weiter man fortschreitet auf dem sogenannten Urwaldpfad, desto größer und imposanter werden die Bäume: bis zu 45 Meter. Die Kinder flitzen fröhlich voran und sehen aus wie Zwerge in einem Riesenwald. Und wenn wir schon beim Märchenhaften sind: Der höchste Punkt im Grumsiner Forst ist der 139 Meter hohe Blocksberg. Hoch und runter geht es im Buchenwald. Kühl und still ist es unter den hohen Bäumen. Gemeinsam lauschen Groß und Klein den vielen Vögeln, die hoch oben ihr Zuhause haben.

Adresse Altkünkendorfer Straße 20, 16278 Angermünde-Altkünkendorf // **ÖPNV** Bahnhof Angermünde, weiter mit Bus 452, 496 (Biberbus April–Okt.), Haltestelle Altkünkendorf Mitte // **Anfahrt** A 11, Ausfahrt Joachimsthal, weiter auf B 198, rechts auf Glasstraße nach Altkünkendorf // **Öffnungszeiten** immer zugänglich // ab 5 Jahren (2-Stunden-Wanderalter)

TIPP: Klompen kaufen und alles über die Geschichte und Herstellung der Holzschuhe erfahren könnt ihr im Friedrichswalder Holzschuhmacher-Erlebniszentrum.

5_DER HÖRTRICHTER

Hör mal, wer da ruft

Die Kavelwiesen in Greiffenberg sind etwas ganz Besonderes. Sie sind Teil des Sernitzmoors, eines der größten Quellmoore in Brandenburg. Durch die einzigartige Landschaft führt ein zwei Kilometer langer Rundweg. Hier und da schmatzt der Boden unter den Füßen. Über Holzbohlen geht es zu einer Aussichtsplattform mit Hörtrichter. Das ist der Lieblingsort von Benjamin Herold vom Biosphärenreservat Schorfheide-Chorin. »Man befindet sich inmitten einer eigenen Welt«, schwärmt er. »Das Moor ist kein Acker, keine Wiese, kein Wald, keine Stadt. Der Boden besteht zu mindestens 80 Prozent aus Wasser! Die Tiere und Pflanzen gibt es nur hier.« Wie zum Beispiel die dicken Grasbüschel – wie Röcke sehen sie aus –, Rispenseggen genannt.

Durch den Hörtrichter lauschen wir einem echten Naturhörspiel. »Im Frühling und im Sommer hört man am meisten«, weiß Herold. Ganz früh am Morgen singt die Rohrammer. Wie eine Klingel tönt ihr Ruf. Der Kiebitz macht Geräusche wie ein Computerspiel. Und der Feldschwirl klingt wie ein Grashüpfer. Er ist auch nachts aktiv. Ebenso die Bekassine. Sie meckert im Flug wie eine Ziege. Selbst den Wachtelkönig kann man hören. Sein Ruf klingt wie ein Kamm, den man über eine Tischkante zieht. Vielleicht hört man aber auch den Sumpfrohrsänger. Er imitiert die Rufe der eben genannten Vögel wild durcheinander. Sogar im Winter lohnt sich der Weg zur Plattform. Dann lauscht man der Stille – nur unterbrochen vom Zirpen des Zaunkönigs.

TIPP: Draisine fahren, Lokomotiven erkunden und vieles mehr: Im Eisenbahnmuseum Gramzow kommen kleine und große Eisenbahnfans auf ihre Kosten.

Adresse Zolldamm/Ecke Breite Straße, 16278 Angermünde-Greiffenberg, Eingang an der Brücke // **ÖPNV** Bahnhof Wilmersdorf (bei Angermünde), weiter mit Bus 475, Haltestelle Greiffenberg Markt; Bahnhof Angermünde, weiter mit Bus 450, 460, Haltestelle Greiffenberg Zolldamm // **Anfahrt** A 11, Ausfahrt Pfingstberg, auf L 24 nach Greiffenberg, Parkplatz kurz hinter der Brücke // **Öffnungszeiten** immer zugänglich // ab 3 Jahren

6_DIE KINDER-KUNSTGALERIE

Die (wahrscheinlich) kleinste Galerie der Welt

»Jedes Kind ist ein Künstler«, sagte Pablo Picasso einmal. Dass der spanische Maler recht hatte, davon kann man sich in Bad Saarow überzeugen. Dort steht die Kinderkunstgalerie, die – nach Angaben der Betreiber – wahrscheinlich kleinste Galerie der Welt. In dem nur 6,45 Quadratmeter kleinen Pavillon an der Lindenstraße wurde früher einmal Solewasser verkauft, das in Bad Saarow gefördert wurde. Damit war es irgendwann vorbei. Das Trinkhäuschen stand leer und drohte zu verfallen. Es abreißen? Nein, eine zündende Idee musste her. Die hatte der Geschäftsführer des Kulturvereins Ralf Ullrich im Jahr 2003. Gedacht, getan. Zusammen mit der damaligen Bürgermeisterin wurde Ullrichs Idee in die Tat umgesetzt: In dem Soletrinkhäuschen entstand die Kinderkunstgalerie.

Seit mehr als 20 Jahren stellen Kinder dort ihre Werke aus. Gezeigt werden Bilder und Keramiken, die in den Kursen der Kunstwerkstatt im SaarowCentrum und im Kunstunterricht an der Grund- und Oberschule »Maxim Gorki« entstehen. Ungefähr viermal im Jahr wird die Galerie neu bestückt. Besucher blicken von außen durch die großen Fenster auf die Werke, die dort ausgestellt sind. Das geht 24 Stunden an 365 Tagen im Jahr. Für Beleuchtung ist gesorgt: Die Galerie ist an das Stromnetz der Straßenbeleuchtung angeschlossen. Wenn die angeht, dann wird auch die Kinderkunstgalerie erleuchtet und die Werke ins rechte Licht gerückt.

TIPP: Erst Kunst, dann klettern: Die Lindenstraße runter befindet sich der wunderschöne Kletterwald Bad Saarow.

Adresse Lindenstraße, 15526 Bad Saarow // ÖPNV Bahnhof Bad Saarow, dann 6 Minuten Fußweg // Anfahrt A 12, Ausfahrt Fürstenwalde-West, den Schildern Richtung Saarow Therme folgen, Kinderkunstgalerie ganz in der Nähe // Öffnungszeiten immer zugänglich // ab 6 Jahren

7_DER MÄRCHENWALD

Krumme Dinger im Wald

Kiefern, so weit das Auge reicht. Nirgends in Deutschland wachsen so viele dieser Nadelbäume wie in Brandenburg. Dicht an dicht stehen sie nebeneinander. Wie Streichhölzer ragen ihre Stämme Richtung Himmel. Die längsten von ihnen erreichen eine Höhe von 48 Metern. Nicht so in Dornswalde. Im sogenannten Märchenwald gibt es keine hochgewachsenen Riesen. Nur knubbelige Zwerge.

Weder Hexen noch Zauberer waren hier am Werk. Bei den krumm gewachsenen Dingern handelt es sich um die Reste eines Hutewaldes. Wer nun denkt, die Bäume hätten Hüte auf, irrt. Das Wort leitet sich von dem Verb hüten ab. Zwischen den Bäumen ließen die Bauern früher Schafe und Schweine weiden. Die Tiere fraßen Blätter und Zweige und knabberten die Triebe der jungen Bäume ab. Die heruntergefallenen Nadeln sammelte der Bauer ein. Als Streu für die Ställe. Dadurch verarmte der Boden. Den Kiefern fehlte es an Nährstoffen. Das Resultat kann man heute sehen: merkwürdig gedrehte Bäume. 150 Jahre alt und trotzdem kaum höher als zwölf Meter. Perfekt zum Klettern und Versteckenspielen.

Gut zu wissen: Um den Märchenwald zu finden, hilft es, die Koordinaten E13°37.2186', N52°3.3636' in das Navigationsgerät einzugeben. Am besten parkt man in Dornswalde und geht zu Fuß weiter. Wenn man die Dornswalder Straße überquert hat, geht schräg links ein Waldweg ab. Nach circa 1.200 Metern kommt linker Hand der Märchenwald, gut zu erkennen am merkwürdigen Wuchs der Bäume. Also, Augen aufhalten!

TIPP: In der Erlebniswelt Naturstoff Holz in der Oberförsterei in Baruth/Mark könnt ihr den Rohstoff Holz mit allen Sinnen entdecken.

Adresse Dornswalder Straße, 15837 Baruth/ Mark-Dornswalde // **Anfahrt** A 13, Ausfahrt Baruth/Mark, rechts abbiegen und weiter nach Dornswalde, dort parken // **Öffnungszeiten** immer zugänglich // ab 4 Jahren

BARUTH/MARK-GLASHÜTTE

8_DAS GLASMACHERDORF

Selbst Glas blasen

Was hat ein Unwetter mit der Herstellung von Glas zu tun? So einiges. 1715 entwurzelte ein ungewöhnlich starker Sturm Unmengen von Bäumen in der Region südlich von Baruth. Graf Friedrich Sigismund zu Solms-Baruth, der Besitzer der Wälder, beschloss, mit dem Bruchholz eine Glasproduktion zu starten. Denn dafür benötigte man Holz. Viel Holz. Also begann man 1716 mit dem Bau einer Glashütte.

Ihre Blütezeit erlebte die Glashütte im 19. Jahrhundert. Nach der Erfindung des Milchglases wurden hier hauptsächlich Lampenschirme für die Straßenbeleuchtung Berlins hergestellt. Bis zu eine Million Lampenschirme verließen die Fabrik in Spitzenzeiten. Später produzierte man Gärballons. In der Ofenhalle liegt ein letzter Produktionsrest: ein riesiger erstarrter Glasblock. 20 Tonnen ist er schwer. Spannend ist auch die Burger-Ausstellung. Belegte Brötchen sucht man vergeblich. Hier dreht sich alles um den Erfinder der Thermosflasche: Reinhold Burger. Er wurde 1866 in Glashütte geboren.

Zurück zum Glas. Im Museum können kleine und große Besucher selbst Glas blasen. Ein Profi-Glasmacher zeigt, wie das geht. Kurz und sachte pusten, und aus dem glühenden Klumpen Glas wird eine Durstkugel für Pflanzen. In den Ferien können Kinder (nach Anmeldung) außerdem Glas bemalen und Mosaike legen. Auch außerhalb des Museums gibt es viele Angebote zum Schauen und Mitmachen: Schmuck herstellen, filzen, Seife gießen und töpfern. Hier kann man locker einen ganzen Tag verbringen.

TIPP: Heimische Wildtiere wie Braunbären, Wölfe oder Luchse könnt ihr im Wildpark Johannismühle beobachten.

Adresse Hüttenweg 20, 15837 Baruth/Mark-Glashütte, museumsdorf-glashuette.de // ÖPNV Bahnhof Klasdorf-Glashütte, dann 3 Kilometer Wanderung (grüner Punkt) zum Museumsdorf // Anfahrt A 13, Ausfahrt Baruth/Glashütte oder B 96 nach Klasdorf, den Schildern folgen // Öffnungszeiten siehe Homepage // ab 3 Jahren

9_DIE KOKOSNUSS-FOLTER

Mit den Füßen fühlen

»Schuhe aus!«, heißt es gleich hinter dem Eingang des Barfußparks in Beelitz. Folgsam ziehen wir unsere Socken und Schuhe aus und verstauen alles in den Schließfächern. Ein letzter Blick auf die Karte – wir entscheiden uns für die 3,1 Kilometer große Runde –, und dann geht's los. Na ja, fast. »Hosen hoch!«, ruft es vom Café herüber. Der Hinweis erreicht uns gerade noch rechtzeitig. Im nächsten Moment macht es auch schon: »Platsch!« Je nach Körpergröße stehen wir mindestens wadentief im kalten Wasser. Herr Kneipp hätte seine Freude.

Weiter geht's über Glasscherben, Feldsteine und Kieselsteine. Über Kiefernzapfen, Bucheckern und Reisig. Durch Schlamm, Lehm und Torf. Dabei glitscht, juckt, matscht, pikst, sticht und zwickt es ununterbrochen. Das macht nicht nur Spaß, sondern ist auch gesund. Wir stärken die Fußmuskeln und kräftigen die Bänder. Das Fußgelenk wird stabiler, Verletzungen seltener. Weiß man ja, macht man trotzdem viel zu selten. Warum eigentlich? Viel Zeit zum Nachdenken bleibt nicht. Die Kokosnussfolter wartet. Geschäftsführer Thomas Müller-Braun und seine Frau haben sie in Thailand entdeckt und importiert. »Weil sie simpel ist, aber einen hohen Wert hat«, sagt er. Was martialisch klingt, ist eine Wohltat für die Füße. Stichwort: Fußreflexzonenmassage. Am Ende sind unsere Füße rundum glücklich, wir auch. Etwas widerwillig ziehen wir unsere Socken und Schuhe wieder an. Ungewohnt. Nach dem Tag im Freien fühlen sich unsere Zehen irgendwie, nun ja, eingesperrt an.

TIPP: Gleich nebenan befindet sich der Baumkronenpfad Baum & Zeit. Dort könnt ihr in 23 Metern Höhe zwischen Baumwipfeln spazieren.

Adresse Straße nach Fichtenwalde 13, 14547 Beelitz // ÖPNV Bahnhof Beelitz-Heilstätten, dann 10 Minuten zu Fuß // Anfahrt A 9, Ausfahrt Beelitz-Heilstätten, ausgeschildert // Öffnungszeiten April – Okt. Mo – Fr 10 – 18 Uhr, Sa, So 10 – 19 Uhr // ab 3 Jahren

10_DIE SCHWEDEN-LINDE

Der dickste Baum Brandenburgs

Ausgestattet mit Maßband, Notizblock, Stift und Kamera fahren wir los. Das Ziel: Brielow, ein kleines Örtchen am Beetzsee. Auf dem Friedhof des ehemaligen Fischerdorfes reckt eine ausladende Sommerlinde ihre schweren Äste gen Himmel. 24 Meter ist sie hoch und baumstark. Stattliche 13 Meter (offiziell) oder 17 Meter (selbst ermittelt) misst ihr Umfang. Damit ist sie der dickste Baum Brandenburgs. Wollte man sie umfassen, bräuchte es vermutlich zehn bis elf Kinder, vielleicht noch ein paar mehr. Wir reichen jedenfalls nicht weit rum.

Der Legende nach ruht unter der 400 bis 500 Jahre alten Linde ein schwedischer Offizier. Im Dreißigjährigen Krieg soll er gefallen sein. Um sein Grab wiederzufinden, beerdigte ihn seine Frau unter dem Baum, der schon damals ein Hingucker war. Daher auch der Name: Schwedenlinde.

Seitdem ist das Aussehen des Baumes noch augenfälliger geworden. Unter der Last der Krone hat sich der Stamm gespalten. Dass der Baum heute überhaupt noch steht, verdanken wir dem Brielower Ortsschmied. Er legte im Jahr 1880 eine eiserne Kette von Ast zu Ast. 25 Jahre später brachte dessen Sohn eine zweite Kette an, der Enkel eine dritte. 1996 wurde die Krone des Baumes schließlich durch Gurte und Metallbänder gesichert. Wer genau hinschaut, erkennt sie gut zwischen dem Grün. Der dickste Baum Deutschlands steht im Emsland: Die Tausendjährige Linde von Heede ist wie die Schwedenlinde eine Sommerlinde. Ihr Umfang: stolze 18 Meter.

Adresse Am Spennenbusch 1, 14778 Beetzsee-Brielow // **Anfahrt** A 2, Ausfahrt Brandenburg, dann B 102, B 1 und Brielower Straße nach Brielow, Schwedenlinde auf dem Friedhof // **Öffnungszeiten** immer zugänglich // ab 5 Jahren

TIPP: Lust auf noch mehr ausgefallene Bäume? In der Stadt Brandenburg wachsen am Grillendamm Sumpfzypressen, das botanische Wahrzeichen der Stadt.

BERNAU BEI BERLIN-SCHÖNOW

11_DAS WILDTIER-GEHEGE

Hirsche gucken in der Heide

Zwischen den Birken steht er, der König der Wälder: ein Hirsch mit prächtigem Geweih. Der Ausflug in die Schönower Heide hat sich schon jetzt gelohnt. Und das, obwohl wir noch keine zehn Minuten vom Parkplatz entfernt sind.

Früher einmal pflügten Panzer über das Gelände der Schönower Heide, heute weiden auf der weiten Fläche Dam-, Rot- und Muffelwild. Die Tiere betreiben Landschaftspflege. Ohne ihr Tun würden Bäume das ehemalige Truppenübungsgelände schnell überwuchern. Doch die tierischen Landschaftsgärtner nehmen ihre Aufgabe ernst. Sie knabbern Triebe von Bäumen und Büschen, fegen mit ihrem Geweih den Boden und unterstützen so den Erhalt der Heide. Seltene Pflanzen wie Korallenbecherflechte und Silbergras wachsen hier. Auch besondere Vögel wie Wiedehopf und Ziegenmelker haben sich niedergelassen.

Den Eingang in das Naturschutzgebiet markiert ein aus dicken Baumstämmen gebautes Tor. Geht man durch das sogenannte Heidetor, gelangt man nach wenigen Schritten zu einem Wegweiser. Man hat die Qual der Wahl. Der fünf Kilometer lange Wildwanderweg führt um das eingezäunte Weidegelände herum. Wir entscheiden uns für die kurze Variante, den Heidepfad, nur 1,6 Kilometer lang. Ungefähr nach der Hälfte des Weges steht ein Aussichtsturm. Die elf Treppenstufen erklimmen wir im Nu. Oben angekommen, dann ein fabelhafter Blick über das 140 Hektar große Gehege.

Adresse Schönwalder Chaussee, 16321 Bernau bei Berlin-Schönow // **Anfahrt** A 114, Ausfahrt Bucher Straße, auf Bucher Straße und Schönwalder Chaussee zum Parkplatz Schönower Heide // **Öffnungszeiten** immer zugänglich // ab 3 Jahren

TIPP: Natur erkunden, Tiere streicheln oder auf dem Spielplatz toben kann man auf dem Gut Hobrechtsfelde in der Hobrechtsfelder Dorfstraße 45.

12_DAS KALENDERHAUS

Viermal im Jahr neu

Adventskalender verkürzen bekanntlich das Warten auf Weihnachten. Eine XXL-Variante kann man in Bestensee bestaunen. In der Dorfaue wurde an der Giebelwand neben dem Zollstockmuseum ein sieben mal sieben Meter großer Adventskalender angebracht – mit 24 Fächern für kleine Geschenke. Die gibt's alle Jahre wieder vom 1. bis zum 24. Dezember. Dann kommen Bestenseer und Pätzer Kids zum Haus, tragen ein Gedicht oder Lied vor und öffnen ein Türchen.

Die Wand ist nicht nur in der Weihnachtszeit ein Hingucker. Der Adventskalender ist ein Ganzjahreskalender mit Murmellabyrinth, Tic-Tac-Toe-Spiel, Spielzeugautos und Blumenkästen für den Sommer. So haben die Kids das ganze Jahr über daran Freude. Alle drei Monate wird die Wand neu dekoriert. Die Bilder malen Kinder aus der Umgebung.

Ausgedacht hat sich dies das Kalenderhaus Lausl. Hinter dem Namen verbirgt sich kein kleines Tier, sondern der Verein für Lebensart und Sammellust. Er wurde 2014 gegründet mit dem Ziel, das kulturelle Leben in Bestensee zu bereichern. Öffnet man die größte Tür des Kalenders, steht man in Lausls Kalendersaal. Hier spielt die örtliche Krabbelgruppe oder finden Veranstaltungen für Kinder statt. Hinter dem Haus liegt der Lausl-Park mit allem, was das Naturfreundeherz höherschlagen lässt: Spielwiese mit Goldwaschanlage, Barfußpfad, Insektenhotel. Eine Bienenwiese mit drei Hochbeeten gibt es auch und noch jede Menge mehr. Hinfahren und entdecken!

TIPP: Natur pur und Froschkonzerte gibt's im Sutschketal. Die Wanderung beginnt am Bahnhof Bestensee oder Bahnhof Königs Wusterhausen.

Adresse Dorfaue 9, 15741 Bestensee // **ÖPNV** Bahnhof Bestensee // **Anfahrt** A 13, Ausfahrt Bestensee, dann B 246 nach Bestensee // **Öffnungszeiten** immer zugänglich // ab 3 Jahren

13_ DAS STRANDBAD WUKENSEE

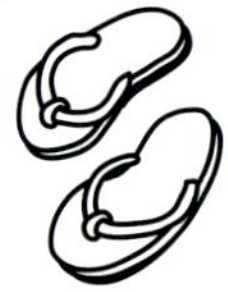

Schöner baden in Brandenburg

»Pack die Badehose ein, nimm dein kleines Schwesterlein, und dann nischt wie raus nach …« Biesenthal. Ins Strandbad. Am Großen Wukensee befindet sich die (wahrscheinlich) schönste Badeanstalt Brandenburgs. Das Wasser ist glasklar. Am seichten Ufer buddeln die Jüngsten. Im abgetrennten Nichtschwimmerbereich mit Wasserrutsche tummeln sich Eltern und Kinder. Die kleinen Wasserratten haben Spaß. In den See ragt ein Steg mit Drei-Meter-Sprungturm. Hier kracht die eine oder andere Arschbombe in das kühle Nass. Davon unbeeindruckt geht es mit der Luftmatratze raus auf den See (natürlich nur für Schwimmer!). So lässt man das Strandbad hinter sich, dümpelt auf dem Wasser und blickt auf das schilfbewachsene Ufer der anderen Seite. Ruhe und Action. Das ist das Tolle: Im Strandbad Wukensee kann man beides haben!

Ach, und dann ist da noch der Retrocharme. Eröffnet wurde das Lido der Mark Brandenburg, wie das Strandbad früher bezeichnet wurde, im Jahr 1926. Zu jener Zeit trugen Männer wie Frauen lustige Bademode aus absurd viel Stoff: mit breiten Trägern und knielangen Beinlingen. Gern gestreift. Wackelige Schwarz-Weiß-Aufnahmen vom damaligen Planschvergnügen kennt man. Aus dieser Zeit stammen die 66 im Halbkreis aufgestellten Umkleidekabinen, das Kassenhäuschen und die Verkaufsstände, an denen es heute moderne Pommes und Slush-Eis gibt.

Adresse Ruhlsdorfer Straße 41, 16359 Biesenthal, barrierefrei // **ÖPNV** Bahnhof Bernau, weiter mit Bus 896, Haltestelle Biesenthal Wendestelle Ambulatorium, dann zu Fuß circa 10 Minuten // **Anfahrt** A 11, Ausfahrt Lanke, weiter auf L 29 und Ruhlsdorfer Straße // **Öffnungszeiten** Mai, Juni, Sept. 10–19 Uhr, Juli, Aug. 9–20 Uhr // für jedes Alter

TIPP: Spannende Autorennen mit spektakulären Überholmanövern gibt's beim Motocross-Wochenende in den Biesenthaler Wukuhlen (Termine unter www.mc-klosterfelde.de).

14_DER FRITZE-BOLLMANN-BRUNNEN

Der krasseste Fail der Angelgeschichte

Unter dem Usernamen Barbier_brb twittert Fritz Bollmann: heute unfreiwillig baden gegangen #angeln #beetzsee #fail. Seine Follower, hauptsächlich Kunden des Friseurs, werden aufmerksam. In der Zwitscherbude verbreitet sich der Tweed schnell. Auf Insta geht das Bild eines triefnassen Mannes viral. Alles lacht. Der Diss ist perfekt. So wäre es im Internetzeitalter gelaufen. Zu Bollmanns Lebzeiten, Ende des 19. Jahrhunderts, klappte es analog genauso gut. #mundpropaganda. Die Geschichte vom traurigen Angelunfall verbreitete sich rasant und wurde zum berühmtesten Kinderlied der Region. Der Text erschien 1885 erstmals als Postkarte. Der Barbier versuchte dagegen vorzugehen, vergeblich. Er blieb das Gespött der Stadt, und die Kinder spielten ihm Streiche. Der bedauernswerte Mann starb 1901 verarmt mit nur 49 Jahren. Ein Angler-Brunnen wurde 1924 am Grillendamm aufgestellt. In der Nähe hatte Bollmann sein Friseurgeschäft: in der Mühlentorstraße 17a. Sofort tauften die Brandenburger den Brunnen um in »Fritze-Bollmann-Brunnen«. Das Prank-Opfer wurde zum Influencer. Der Originalbrunnen in der alten Hood steht nicht mehr, dafür seit 1981 eine Copy in der City. Die Lyrics zu »Fritze Bollmann wollte angeln« stehen auf Steintafeln gemeißelt um den Brunnen. #musstekennen. Trotz (oder gerade wegen?) des berühmten Fails nennen Eltern in Brandenburg an der Havel ihre Kids immer noch Fritz.

TIPP: Ihr wolltet schon immer mal wissen, wie man vor 100 Jahren zur Schule ging? Oder vor 200 Jahren? Dann ab ins Schulmuseum Reckahn.

Adresse Hauptstraße 22, 14776 Brandenburg a. d. Havel // ÖPNV Brandenburg Hauptbahnhof, weiter mit Tram 2, 6, Haltestelle Hauptstraße // Anfahrt B 102 bis Brandenburg a. d. Havel, Schildern nach Zentrum-Neustadt folgen, Brunnen in der Fußgängerzone // Öffnungszeiten immer zugänglich // ab 5 Jahren

15_DAS WALDMOPS-REVIER

Tierische Rallye in der Altstadt

»Wauwau!«, ruft ein Mädchen im Buggy aufgeregt. Denn sie hat einen entdeckt. Einen von mehr als 20 ganz besonderen Vierbeinern. Die knuffige kleine Bronzestatue sieht tatsächlich aus wie die beliebte Hunderasse. Doch der Wauwau hat ein kleines Geweih. Merkwürdig? Nein. Ein Späßchen. Die »wilden Waldmöpse« sind eine Erfindung des Humoristen Loriot (1923–2011), mit bürgerlichem Namen Vicco von Bülow, eines gebürtigen Brandenburgers. Den Ideenwettbewerb für das Loriot-Denkmal in der Stadt an der Havel gewann die Studentin Clara Walter. Unter 100 eingereichten Entwürfen setzte sich ihrer durch. Im April 2015 wurde das Waldmopszentrum eröffnet und die ersten Waldmöpse »ausgewildert«. Knapp ein Jahr später waren es schon 13 Vierbeiner, und es werden immer mehr. Sie lümmeln auf Pflastersteinen, klettern Treppenstufen hinauf oder schauen keck über den Brunnenrand. Zehn verschiedene Entwürfe gibt es. Die Bronzefiguren wiegen 15 Kilogramm, sind innen hohl und fest im Boden verankert. Loriot selbst sagte: »Ein Leben ohne Mops ist möglich, aber sinnlos.«

Na dann mal los: Wer mag, spaziert durch die Stadt und entdeckt das Revier auf eigene Faust. Liebe Eltern, nicht traurig sein, Kinder gewinnen im Memory und bei der Mopssuche! Die Vierbeiner tummeln sich ja auch perfekt auf Kinderaugenhöhe. Wer lieber gezielt vorgeht, bekommt einen Revierplan in der Touristeninformation. Für umme.

TIPP: Beim Riesenritter vorbeischauen: Die 5,30 Meter hohe Sandsteinstatue vor dem Altstädtischen Rathaus gehört zu den ältesten erhaltenen Rolandfiguren.

Adresse Touristeninformation, Neustädtischer Markt 3, 14776 Brandenburg a. d. Havel // **ÖPNV** Brandenburg Hauptbahnhof, weiter mit Tram 6, Haltestelle Neustädtischer Markt // **Anfahrt** B 102 bis Brandenburg a. d. Havel // **Öffnungszeiten** immer zugänglich, Touristeninformation Mai–Okt. Mo–Sa 9–19.30 Uhr, Mai–Sept. zusätzlich So und Feiertage 11–14 Uhr, Nov.–April Mo–Sa 9.30–15.30 Uhr // ab 2 Jahren

16_DER BEACH

Baggern, buddeln und baden

Copacabana in Brandenburg? Wer hätte das gedacht! Ein traumhafter Sandstrand liegt mitten in der Prignitz an einem kleinen Baggersee ganz in der Nähe der Stadt Wittenberge. Einfach dem Schild zum Sportplatz folgen, und nach etwa 250 Metern erreicht ihr die Beachvolleyballanlage auf dem Sportplatz Breese. Ready for Kurzurlaub. Auf drei Feldern schwitzt, pritscht und baggert die Jugend. Die Volleyballfelder gehen nahtlos in einen breiten Strand mit etwa 80 Metern Uferlinie über. Leicht fällt er zum Wasser hin ab, und es geht flach ins kühle Nass. Ideal für die Kleinsten zum Planschen. Es gibt viel Platz für Strandmuscheln, Badetücher und Buddeleimer.

Wir bauen Kleckerburgen am Ufer und schwimmen eine Runde zur kleinen Insel in der Mitte des Gewässers. Wieder in Ufernähe bekommen wir Gesellschaft. »Guck mal!«, ruft Junior und schleicht durchs seichte Wasser. Aber die flinken Fischlein lassen sich nicht schnappen. Die Jugendlichen beklatschen gelegentlich einen gewonnenen Punkt. An einer Seite der kleinen Bucht ragt seit 2018 ein Steg ins Wasser. »Hier investiert Europa in die ländlichen Gebiete«, steht auf einem Schild. Gut gemacht, Europa. Dit hat sich jelohnt. Genau wie ein Besuch im nahe gelegenen Eiscafé Breese. Unbedingt probieren: die Eissorte »Omas Teigschüssel«. Die schmeckt nach in die Küche schleichen, Finger in die Rührschüssel tunken und schwups – eine Portion Teig stibitzen. Mmmmh.

Adresse Am Sportplatz 1, 19322 Breese // Anfahrt L 11 (Wittenberger Straße), Ausschilderung zum Sportplatz folgen // Öffnungszeiten Badesaison 15. Mai–15. Sept. // für alle Altersstufen

TIPP: Auf dem Hof Elbtal Alpaka könnt ihr die »lebenden Rasenmäher« aus den südamerikanischen Anden kennenlernen.

17_DIE BIBI-&-TINA-BRÜCKE

Kinofilm-Kulisse »in echt« erleben

Nord 52° 44’70.8“, Ost 13° 30’91.9”. Das sind die Koordinaten für die nächste Station der modernen Schnitzeljagd per Geocaching. Dumm nur, wenn aus einer 9 eine 6 wird. Wenn es ein mieser Trick ist. Hier an der Holzbrücke entscheidet sich im Film »Bibi & Tina 3 – Mädchen gegen Jungs«, wer den richtigen Weg einschlägt. Hinterlistig manipuliert das Jungs-Team, angeführt von Urs alias Youtuber Phil Laude, die Koordinaten auf dem Wegweiser und lockt damit das Team von Bibi und Tina auf die falsche Fährte.

Die Märkische Schweiz nordöstlich von Berlin hat es Regisseur Detlev Buck angetan. Mehrmals drehte er dort für die beliebten Kinderfilme. In der neuesten Amazon-Prime-Serie Bibi & Tina bekommt der Marktplatz des Ortes Buckow eine Gastrolle. Woher die Vorliebe? Wer einmal da war, versteht’s. Toll ist die Wanderung bergauf und bergab durch das Hügelland. Der höchste Punkt ist der Krugberg mit 129 Metern. Am Wegesrand ein Meer aus kleinen lilafarbenen Blümchen, als hätte Bibi sie gerade dort hingehext. Der Weg über die kleine Brücke führt auf eine große Lichtung: ein herrlicher Picknickplatz. Im Film ist hier das Zeltlager der Falkensteiner. Die Brücke über den Stöbber erreicht ihr auch ohne Hexerei. Vom Parkplatz an der Bertolt-Brecht-Schule dem Weg mit rotem Punkt Richtung Güntherquelle folgen. Von dort geht es 2,5 Kilometer weiter Richtung Pritzhagener Mühle. Augen auf, unterwegs findet ihr sie. Hex, hex.

TIPP: Der Atomschutzbunker Harnekop in Prötzel mit original 1970er-Jahre-DDR-Interieur wäre auch eine gute Filmkulisse. Anmeldung zur Besichtigung erforderlich.

Adresse Weinbergsweg 20, 15377 Buckow (Märkische Schweiz) // **ÖPNV** Bahnhof Müncheberg, weiter mit Bus 928, Haltestelle Buckow Schule // **Anfahrt** über B 1/B 5 und B 168 bis Weinbergsweg in Buckow // **Öffnungszeiten** jederzeit // ab 4 Jahren

18_DER COTTBUSER OSTSEE

Eines Tages, wenn ich groß bin …

Kinder haben Träume für die Zukunft: groß, schillernd, nie bescheiden. Von Astronaut bis Zirkusclown, alles ist möglich. Das Großprojekt zur bergbaulichen Sanierung der Lausitz ist kein Kindertraum. Wo bis 2015 vier Jahrzehnte lang Braunkohle gefördert wurde, entsteht heute der flächenmäßig größte See Brandenburgs: der Ostsee. 19 Quadratkilometer Wasserfläche wird er eines Tages haben. Wenn er groß ist.

Wir stehen auf dem 30 Meter hohen Aussichtsturm im Ortsteil Merzdorf am westlichen Rand des ehemaligen Tagebaus Cottbus-Nord und blicken über eine weite, karge Landschaft. Sandfarben. Braun. Vereinzelte Büsche. Eines Tages wird das alles nicht mehr zu sehen sein und auf dem Grund des Sees liegen. Komische Vorstellung. In mehreren Etappen wird der See mit Spreewasser geflutet. Ein Prozess, der auf Jahre angelegt ist. Start 2018, geplantes Ende 2025. »Warum machen die das nicht gleich voll?«, fragt das Kind. »Dann ist die Spree doch leer«, antwortet der große Bruder. So kann man es auch sagen. Wasser wird meist in den Wintermonaten und nur im ökologisch vertretbaren Rahmen entnommen. Ziel ist eine Wassermenge von 126 Millionen Kubikmetern: zum Baden, Angeln, Bootfahren. Jedes Jahr wird sich ein neues Bild des Bergbaufolgesees ergeben. Der Ostsee wird wachsen, und wir schauen ihm dabei zu. Mit Faszination, mit Freude und mit viel Geduld.

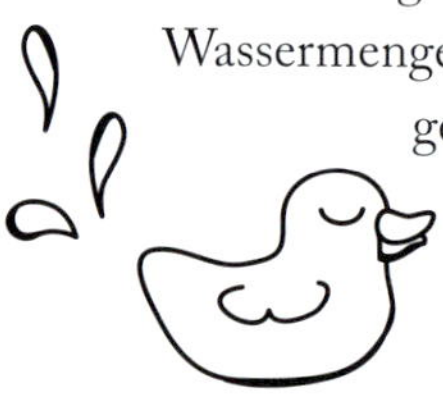

Adresse 03042 Cottbus // Anfahrt über die Ortsumgehung B 97 // Öffnungszeiten immer zugänglich // für alle Altersstufen, Aussichtsturm ab 8 Jahren

TIPP: Das Spiel-Holzschiff MIA liegt nicht weit vom Aussichtsturm am Ufer und ist toll zum Klettern, Toben und Picknickmachen.

19_DIE KLETTERKUTSCHE

Spielspaß an historischem Ort

Peng. Peng. Eine ganze Abenteuerwelt und viel Holz erwarten kleine Spielplatzentdecker im Puschkinpark. Nach den Entwürfen von Kindern entstand eine Tobelandschaft mit Wildwest-Flair: inklusive Postkutsche und (Dreh-)Fässern, in denen sich keine (oder nur kleine) Banditen verstecken. Peng. Peng. Der Park liegt nördlich der Altstadt. An seiner Südseite sind die alten Wallanlagen noch gut sichtbar, die einst zur Stadtsicherung dienten. Bereits Anfang des 18. Jahrhunderts hatten sie ihre militärische Funktion verloren. Stattdessen zog man 1718 die ersten 1.200 Maulbeerbäume der Stadt heran. In ganz Preußen sollte diese Art nach dem Willen des Soldatenkönigs Friedrich Wilhelm I. auf öffentlichen Plätzen, Straßen und Wällen wachsen. Warum der ganze Hype um die Baumart? Seidenraupenzucht. Zu der Zeit gab es einen großen Bedarf an dem edlen Material für Kleidung, Möbelstoffe und Tapeten. Der König stellte die Verletzung von Maulbeerbäumen sogar unter Strafe.

Dauerhaft machten sich mangelnde Kenntnis im Umgang mit den Raupen und das kühle Klima bemerkbar. Die Seidenraupenzucht missglückte. Ganz aus dem Stadtbild verschwunden sind die Maulbeerbäume nicht. Der älteste ist etwa 150 Jahre jung und steht auf dem Gelände der LWG Lausitzer Wasser GmbH & Co. KG in der Berliner Straße, nur zehn Minuten Fußweg entfernt. Den kleinen Cowboys und Cowgirls auf der Kletterkutsche spenden indes viele andere große Bäume im Sommer Schatten. Peng. Peng.

Adresse Puschkinpromenade am östlichen Eingang, Nähe Am Spreeufer, 03044 Cottbus // ÖPNV Cottbus Hauptbahnhof, weiter mit Tram 2, Haltestelle Sandower Brücke // Anfahrt A 15, Ausfahrt Cottbus-West, weiter auf B 169 Richtung Altstadt // Öffnungszeiten immer zugänglich // ab 1 Jahr

TIPP: Im Kinder- und Jugendtheater Piccolo am Erich-Kästner-Platz gibt es vormittags Programm schon für die Allerkleinsten ab 1,5 Jahren.

20_DAS RAUMFLUG-PLANETARIUM »JURI GAGARIN«

Reise ins All

Am 27. April 1974 meldete die Lausitzer Rundschau: »Modernstes Raumflug-Planetarium der DDR gestern festlich eröffnet«. Bevor etwas eröffnet, muss gebaut werden. Die Bauarbeiter hatten dort, wo die untere Terrasse entstehen sollte, kräftig mit Beton gekleckert. Ihn zu entfernen war zu aufwendig. So entschied man, ihn unter einer fünf mal fünf Meter großen Blumenrabatte zu verstecken. Sie existiert bis heute. Genauso wie das Raumflugplanetarium, obwohl die Stadt Cottbus es 1996 schließen wollte. Engagierte Zeitgenossen gründeten einen Verein und sicherten den Weiterbetrieb. Benannt ist die Einrichtung nach dem weltberühmten Raumflugpionier Juri Gagarin. Er umrundete am 12. April 1961 in einer Raumkapsel die Erde und war damit der erste Mensch im All. Mitten im Vorführsaal des Planetariums steht ein lilafarbenes Kugelmonster: der Sternenprojektor Chronos II Hybrid. Mit modernen LEDs projiziert er bis zu 8.500 Sterne, dazu Planeten und andere Himmelsobjekte auf die Kuppel. Sie hat einen Durchmesser von 12,5 Metern. »Wir haben ein Fulldomesystem«, erklärt Sebastian Thiele, technischer Leiter des Planetariums, »zusammengeschaltet entstehen faszinierende Sternenabenteuer.« Astronomie und Unterhaltung für Familien stehen täglich auf dem Programm, mehr als 30 Produktionen für Kinder von vier bis 14 Jahren. Galaktisch gut.

Adresse Lindenplatz 21, 03042 Cottbus, www.planetarium-cottbus.de // ÖPNV Cottbus Hauptbahnhof, weiter mit Tram 4, Haltestelle Marienstraße/Glad House // Anfahrt A 15, Ausfahrt Cottbus-West, B 168, weiter auf B 169, dann Ausschilderung folgen // Öffnungszeiten Spielplan und Veranstaltungen siehe Homepage // ab 4 Jahren

TIPP: Direkt hinter dem Planetarium liegt das Stadion der Freundschaft, Heimat des FC Cottbus. Von der Brücke Am Eliaspark sieht man die echt spacigen Flutlichtanlagen.

21_DER WASCHPARK

Abenteuer im Seifenuniversum

Gang raus. Fuß von der Bremse. Unser Gefährt ist auf dem Förderband eingerastet und steht in Startposition. Alle Insassen bekommen ein kleines Tütchen Gummibärchen. Ready for Take-off im Ströbitzer Waschpark. Wir starten in das Universum aus blauen Bürsten, Schläuchen und Roboterarmen. Ein Schwall Seifenwasser klatscht auf die Windschutzscheibe. Im grünen Licht der Anlage ist es für uns natürlich Alienschleim. Unser Raumschiff wird kräftig durchgeschüttelt. Aaahhh. Captain, Turbulenzen voraus. Die Bürstenmonster nehmen ihre Arbeit auf und wälzen sich in wilder Rotation an unseren Scheiben vorbei. Die Kinder quieken und kreischen auf der Rückbank. Der Commander am Steuer hofft, dass alle Fensterdichtungen unserer Familienkutsche intakt sind. Viel Zeit zum Nachdenken bleibt nicht: Wir werden wieder bespritzt, dann geföhnt und poliert.

Die Erfinder dieses spacigen Abenteuers waren die Tüftler Johann Sulzberger und Gebhard Weigel. Sie meldeten in Augsburg im August 1962 die erste »selbsttätige Waschanlage für Kraftfahrzeuge« zum Patent an. Knapp zwei Jahre später folgte die erste vollautomatische Waschstraße. Der Unterschied: Der Kunde konnte erstmals während der Wäsche im Auto sitzen bleiben. Eine tolle Idee. Unser silberfarbenes Gefährt strahlt in der Frühlingssonne. VW-Bus an Erde: »Dies ist ein kleiner Schritt für ein sauberes Auto, aber ein riesiger Spaß für die Mitfahrenden.«

Adresse Waisenstraße 22, 03046 Cottbus, www.stroebitzer-waschpark.de // **Anfahrt** zentral gelegen im Stadtteil Ströbitz // **Öffnungszeiten** täglich außer Feiertage, April–Okt. Mo–Fr 8–19 Uhr, Sa 9–18 Uhr, So 10–14 Uhr, Nov.–März Mo–Fr 8–18 Uhr, Sa 9–18 Uhr, So 10–14 Uhr // ab 3 Jahren

TIPP: Ein Besuch im Branitzer Park, mit Fürst-Pückler-Schloss (ja, der mit dem Eis!) und begrünter Pyramide im See, ist ein toller Tagesausflug.

22_DIE BETRIEBSARCHEN

Mit dem Tretboot unter Tage

Zuerst den weißen Helm aufsetzen. Sicherheit geht vor. Im Bob-der-Baumeister-Look klettern Mama, Papa und Kinder auf die Tretboote. In alten Industriekanälen schippert die Familie durch 140 Meter verwinkelte Tunnelgewölbe. Es hallt und plätschert. Ein bisschen wie in Mamas Bauch? »Los, Mama, du musst treten! Schneller!«, ruft Junior neben mir. »Jetzt den Hebel nach rechts!« Die Betriebsarchen waren schon immer mit Wasser gefüllte Kanäle: Sinterkanäle. Sie dienten der Kühlung in der Metallverarbeitung im alten Walzwerk Eberswalde.

Die Neugestaltung der alten Industrieanlagen prägt das Bild des 17 Hektar großen Landschaftsparks. Eröffnet wurde er zur Landesgartenschau 2002. Der Montagekran »Eber« bietet eine beeindruckende Sicht über das gesamte Areal. Sowieso gibt es viele »riesige« Dinge: den größten begehbaren Flipper, die längste Parkbank Europas und zwei Riesenrutschen.

In den Betriebsarchen muss man sich manchmal ganz schön klein machen, wenn die Gewölbedecke nur wenige Zentimeter über den Köpfen hinweggleitet. Das Wasser kommt vermutlich zu großen Teilen aus dem angrenzenden Finowkanal, es können aber auch noch unterirdische Quellen als Zuläufe dienen. Das ist nicht geklärt, passt aber prima zur mystischen Stimmung in den bunt beleuchteten Kanälen. Nach der dritten Runde sagt das Personal der kleinen Tretbootflotte nur noch: »Na euch muss ick wohl nüscht mehr erklären!« Nee. Und noch 'ne Runde …

TIPP: Das Glück der Erde liegt ganz in der Nähe: Reiten wie ein Indianer (ohne Sattel) kann man auf der Flower Horse Ranch in Gersdorf.

Adresse Am alten Walzwerk 1, 16225 Eberswalde, www.familiengarten-eberswalde.de // ÖPNV Eberswalde Hauptbahnhof, weiter mit Bus 861, Haltestelle Finow Eisenspalterei // Anfahrt A 11, Ausfahrt Finowfurt, weiter auf B 167 // Öffnungszeiten April – Okt. täglich 10 – 18 Uhr // ab 5 Jahren

23_DAS NONNENFLIESS

Wanderung für kleine Naturforscher

Bergauf und bergab geht es entlang des Tieflandbaches, der sich über elf Kilometer durch eine urige Landschaft schlängelt. Das Nonnenfließ, entstanden vor etwa 15.000 Jahren, ist ein Abenteuerparadies für kleine Naturforscher. Fischlein wie das Bachneunauge tummeln sich im Wasser. Ein spitz zulaufender Baumstumpf und Holzspäne sind eindeutige Zeichen: Ein Biber war am Werk. Vögel zwitschern in den Bäumen. Ihre Blätter leuchten goldgelb und grasgrün. Irgendwie sind die Farben hier satter. Gut für eine kleine Fotosafari am mäandernden Bach.

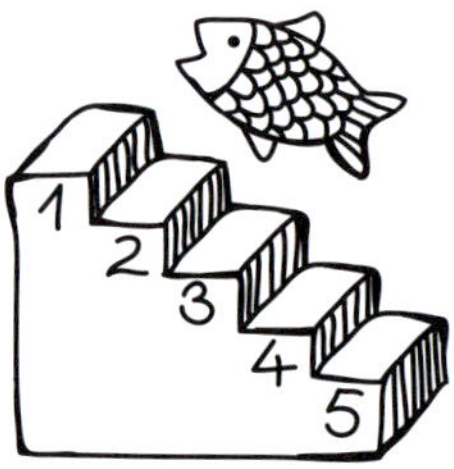

Dass die Natur sich hier entfalten kann, war nicht immer so. In Spechthausen befand sich eine Papierfabrik, gegründet 1781. Ihre Mühlen klapperten am rauschenden Fließ und stampften Lumpen für die Produktion von feinem Büttenpapier. Die Wehre versperrten den Wasserbewohnern den Weg. Doch Papier wird seit mehr als 60 Jahren nicht mehr geschöpft. Die Natur erholt sich. Auch dank EU-Förderprojekten zur Wiederherstellung der ökologischen Durchgängigkeit. Stichwort: Fischtreppen.

Die gesamte Wanderung ist mit elf Kilometern schon sportlich. Es gibt aber zwischendurch Forstwege, auf denen man die Strecke verkürzen kann und zurück zum Liesenkreuz gelangt. Der Sage nach stand dort ein Nonnenkloster, das bei einer Flut in die Tiefe gerissen wurde. Die einzige überlebende Nonne errichtete das Kreuz. Nach ihr soll das Nonnenfließ benannt sein.

Adresse 16230 Eberswalde-Spechthausen // Anfahrt Spechthausen, Parkplatz an der L 200, nicht auf dem Parkplatz der Gaststätte Waldhof parken // Öffnungszeiten jederzeit // für alle Altersstufen

TIPP: Frische Barnimer Erdbeeren gibt's am Stand hinter der Dorfkirche in Klobbicke. Lecker! Einfach mal vorbeischauen.

24_DAS FEUERWEHR- UND TECHNIK-MUSEUM

Paradies für Blaulicht-Fans

20.000 Meilen unter dem Meer? Wie ein Taucher aus einem Sci-Fi-Abenteuer sieht der König'sche Rauchschutzhelm von 1895 in der mannshohen Vitrine aus. Der Gedanke passt, denn tatsächlich basiert der vom Brandmeister König entwickelte Spezialhelm auf dem gleichen Prinzip. Über lange Schläuche wurde dem Helmträger Frischluft zugeführt: der Durchbruch in der Entwicklung von Atemschutzgeräten für den Feuerwehreinsatz.

Mehr als 50.000 Ausstellungsstücke sind im Feuerwehr- und Technikmuseum in Eisenhüttenstadt untergebracht. Top im Bundesvergleich. In die 700 Quadratmeter große Industriehalle passen natürlich nicht alle, viele Exponate lagern im Depot. Aber was zu sehen ist, macht Spaß: historische Uniformen und ein Dutzend Fahrzeuge, ein Feuerwehr-Trabi und ein altes Drehleiterfahrzeug. Noch älter ist eine Karrenhanddruckspritze von 1750. Für die Experten gibt es eine Reihe von Schaummittelzumischern und Tragkraftspritzen zu bestaunen. Toll sind die knapp 100 Feuerwehrmützen und -helme. Sie stammen aus unterschiedlichen Ländern und Zeiten: von Hawaii (USA) bis Japan, von Achtzehnirgendwas bis zum »Feuerwehr Wettkampfhelm im Sturmleitersteigen der DDR« von 1980. Dann lacht das Kind: »Hihi, der hat Haare.« Es geht um einen rumänischen Helm von 1920 mit Paradebusch. Echt heiß.

TIPP: Bei einem Spaziergang auf dem Oderdeich entlang der deutsch-polnischen Grenze könnt ihr Muscheln suchen. Startpunkt: Neue Brückenstraße.

Adresse Heinrich-Pritzsche-Straße 26, 15890 Eisenhüttenstadt, barrierefrei // ÖPNV Eisenhüttenstadt Bahnhof, dann etwa 8 Minuten zu Fuß // Anfahrt A 12, Ausfahrt Frankfurt/Oder-Mitte, weiter auf B 112, Beeskower Straße und Fellertstraße, dann rechts in Heinrich-Pritzsche-Straße abbiegen // Öffnungszeiten Di–Fr 10–16 Uhr, 1. und 3. Sa im Monat 13–17 Uhr // ab 5 Jahren

25_DIE KLETTER-KISTEN

Spielspaß und Kletteraction

Bei Frankfurt/Oder denkt man zuallererst an Plattenbauten und Ostcharme. Ausflug mit Kindern? Ja, klar. Zum Beispiel auf die Insel Ziegenwerder, eine echte Naturinsel zwischen Alter und Neuer Oder. Sie liegt nur 15 Minuten vom Bahnhof entfernt, direkt hinter der Europa-Universität Viadrina. Früher ließen die Oder-Fischer hier ihre Ziegen weiden, später schwammen die Frankfurter in der Badeanstalt im Fluss. Und heute? Heute bietet die Insel Raum zur Entschleunigung für die Großen und jede Menge Platz zum Spielen und Toben für die Kleinen.

Auf dem Inselspielplatz fallen sofort die großen Holzkisten auf. Wie hingeworfen sehen sie aus. Sie stecken im Boden fest oder hängen im Buschwerk. Sogar in den Bäumen haben sie sich verhakt. Die Kisten stellen Geschenke für Kinder dar, abgeworfen von einem Flugzeug. So die Idee. Und tatsächlich: In einer steckt eine Rutsche, andere fügen sich zu einem Labyrinth zusammen. Lustig sind auch die Aufschriften auf den Kisten: »15 geflügelte Stiere«, steht auf der einen, »1.600 Scheiben Dudelsäcke« auf einer anderen. Und auch sonst bietet der Spielplatz jede Menge Action: Seilbahn, Riesenschaukel, Wackelbrücke und Hängematte. Verbunden sind die einzelnen Spielgeräte durch Holzstege. Am Ende des Tages sind die einen müde (Klein) und die anderen erholt (Groß). Perfekt.

Adresse Insel Ziegenwerder, Hermann-Weingärtner-Weg, 15230 Frankfurt/Oder // **ÖPNV** Bahnhof Frankfurt/Oder, dann 15 Minuten Fußweg // **Anfahrt** A 12, Ausfahrt Frankfurt/Oder // **Öffnungszeiten** immer zugänglich // ab 3 Jahren

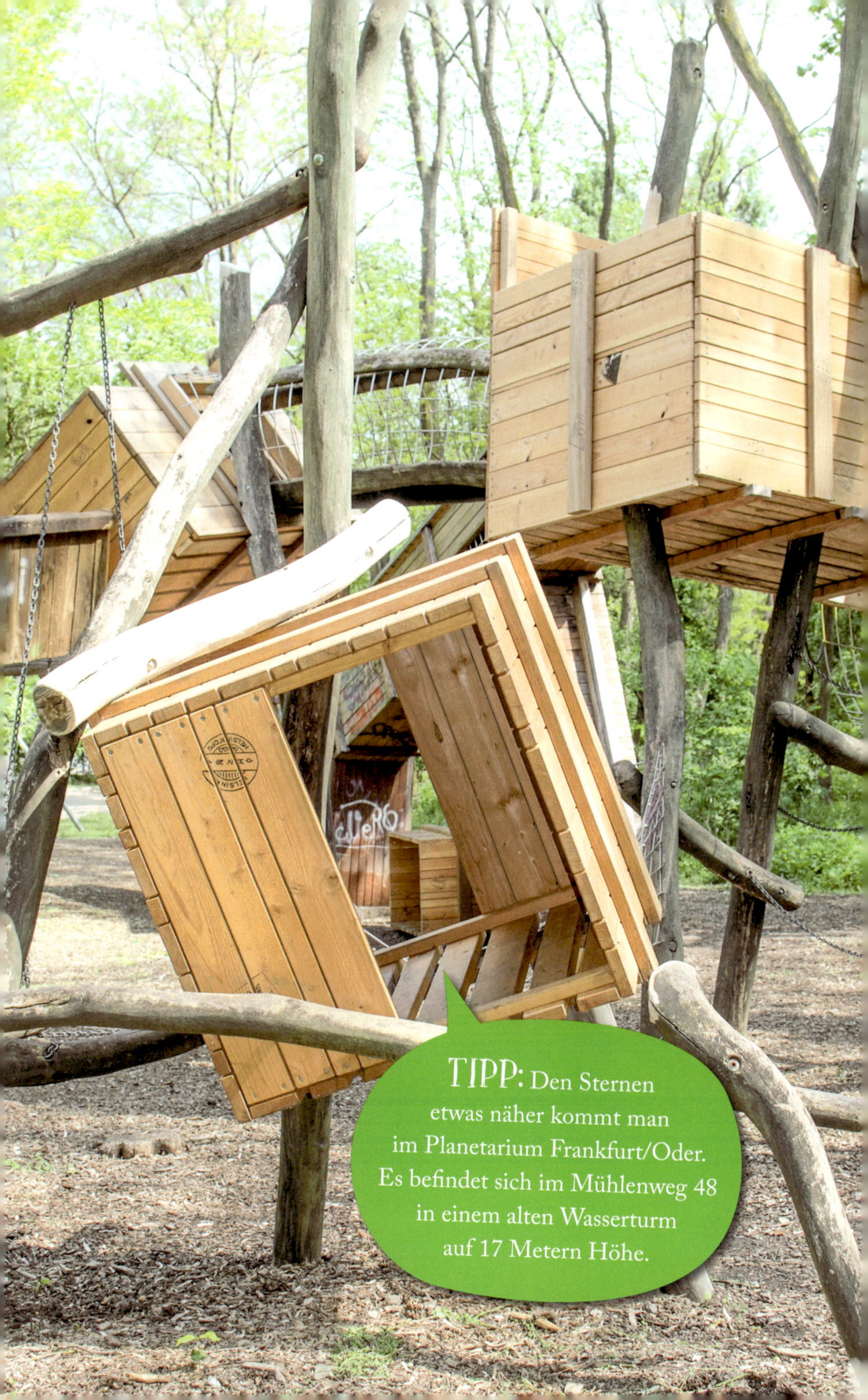

TIPP: Den Sternen etwas näher kommt man im Planetarium Frankfurt/Oder. Es befindet sich im Mühlenweg 48 in einem alten Wasserturm auf 17 Metern Höhe.

26_DER FISCH-KANU-PASS

Rutschpartie für Fische und Paddler

Eine 50 Meter lange Wasserrutsche mitten in der Stadt? Die gibt's in Fürstenberg an der Havel. Und das Beste: Paddler und Fische können dort gemeinsam auf Rutschpartie gehen. Die Rede ist vom Fisch-Kanu-Pass. Insgesamt drei gibt's davon in Brandenburg. Der Fürstenberger ist der größte. Und der abenteuerlichste. Auf dem Weg nach unten überwindet man nicht nur einen Höhenunterschied von 1,60 Metern, sondern rutscht auch unter einer Straße, einem Wohnhaus und einem Turbinentunnel hindurch. Aufregung garantiert!

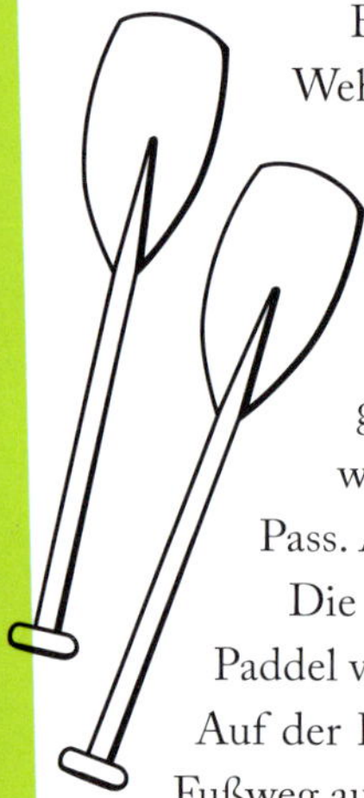

Bevor der Fisch-Kanu-Pass gebaut wurde, versperrte ein Wehr die Durchfahrt. Boote kamen nicht weiter, Fische mussten umkehren. Doch seit 2008 haben Paddler und Fische freie (Rutsch-)Bahn. Auf einem borstigen Pfad gleiten Paddelboote von der Gänsehavel in die Priesterhavel. Unter Wasser schlängeln sich Fische zwischen den grünen Borsten hindurch. Besonders kleinere Fischarten wie Plötze, Ukelei und Güster nutzen den ungewöhnlichen Pass. Aber auch Aale und Schleie wandern hindurch.

Die Benutzung der Kanurutsche ist kinderleicht. Ankommen, Paddel verstauen, und schon heißt es: Auf die Rutsche, fertig, los. Auf der Rückfahrt muss man sich etwas mehr anstrengen. Vom Fußweg aus wird das Boot gezogen. Treideln nennt man das. Da ist Muskelkraft gefragt. Und nicht vergessen: Vorfahrt hat, wer von oben kommt! Die Fischlein im Wasser gleiten unfallfrei hin und her. Spannend zu beobachten.

TIPP: Selbst ausprobieren macht Spaß: Kanus und Kajaks gibt es in der Brandenburger Straße 33.

Adresse Bahnhofstraße 8, 16798 Fürstenberg/Havel // ÖPNV Bahnhof Fürstenberg/Havel, dann 2 Minuten Fußweg // Anfahrt B 96 bis Bahnhofstraße in Fürstenberg/Havel // Öffnungszeiten immer zugänglich // ab 6 Jahren

FÜRSTENBERG/HAVEL

27_DER VERSTEH-BAHNHOF

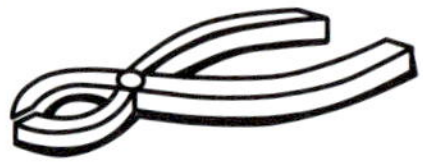

Roboter selbst bauen und programmieren

Brandenburgs Bahnhofsgebäude sind mitunter nicht mehr das, wofür sie gebaut wurden. So auch in Fürstenberg an der Havel. Hier ist ein einzigartiger Ort entstanden für junge Naturforscher und Techniker. Im Verstehbahnhof, einem sogenannten Makerspace, lernen Kinder und Jugendliche den selbstbestimmten und neugierigen Umgang mit Technik. »Denn Technik und Computer helfen uns, die Welt zu verstehen«, sagt Daniel Domscheit-Berg, einer der Initiatoren. In der offenen Werkstatt werden das Hantieren mit dem Lötbesteck wie auch der Umgang mit den sozialen Medien und den eigenen Daten vermittelt.

Das Angebot ist komplett kostenfrei und richtet sich an Mädchen und Jungen gleichermaßen, an Kinder vor Ort und von Urlaubsgästen. Im Mittelpunkt stehen die klassische Elektronik und das Löten. Aber auch 3-D-Drucker, Lasercutter, Electric Paint und vieles mehr können ausprobiert werden. Für fortgeschrittene Bastelprojekte gibt es ein großes Lager an Teilen: Aus fischertechnik und alten Computern lassen sich zum Beispiel komplexe Roboter bauen, die mit dem Calliope mini zum Leben erweckt werden. So wird Digitalisierung spielerisch be-greifbar.

Neben der Werkstatt gibt es eine Veranstaltungshalle mit Bühne, ein großes Wohnzimmer mit Sofas und eine Küche. Überall herrscht kreatives Chaos. Das ist gewollt. Die Kids sollen sich im Verstehbahnhof wohlfühlen, ihn nutzen und mitgestalten.

Adresse Bahnhofstraße 31, 16798 Fürstenberg/Havel, www.verstehbahnhof.de // **ÖPNV** Bahnhof Fürstenberg/Havel // **Anfahrt** B 96 bis Bahnhofstraße in Fürstenberg/Havel // **Öffnungszeiten** siehe Homepage und auf Anfrage // ab 5 Jahren

TIPP: Am Hegensteinbach kann man mit etwas Glück Biber beobachten und ihre riesigen Bauten bestaunen.

28_DER ZIEGENHOF

Alles Ziege, oder was?

Keinen Grund zu meckern haben Ziegen auf dem Capriolenhof. Mitten im Naturschutzgebiet Kleine Schorfheide liegt er, direkt an der Schleuse Regow. Bevor die Schleuse automatisiert wurde, wohnte auf dem weitläufigen Gelände der Schleusenwärter. Seit 1993 leben und wirtschaften hier Sabine Denell und Hanspeter Dill im Einklang mit der Natur. Angefangen haben die beiden Ziegen(käse)liebhaber mit drei Ziegen, heute sind es 180 plus entsprechend Zicklein. Sie werden täglich zum Weiden in die Heide geführt. Hier knabbern die Tiere alles, was wächst. Kiefern, Birken und Besenheide, aber auch Holunder und Klee. So erhalten sie die Heidelandschaft, ganz natürlich.

Der Name Capriolenhof leitet sich von »capra« ab, dem lateinischen Wort für Ziege, und den Kapriolen, die für sie typischen Luftsprünge. Einen Spielplatz sucht man auf dem Hof vergeblich. Dafür gibt es Ziegen und Katzen zum Streicheln, Natur zum Entdecken und im Sommer Eis zum Schlecken. Das Eis aus – na klar – Ziegenmilch lässt Sabine Denell beim Eismacher Köller in Templin herstellen. Die 20 Ziegenkäsesorten, die es im Hofladen zu kaufen gibt, produziert sie selbst. Dafür verarbeitet sie 70 Tonnen Ziegenmilch im Jahr.

Am besten erreicht man den Hof vom Wasser aus. Wer kein Boot hat, wählt den Landweg und braucht etwas Ausdauer. Von Bredereiche führt ein sechs Kilometer langer Sandweg zum Hof. Wenn man denkt: »Hier kommt nichts mehr«, ist man da.

Adresse Schleusenhof Regow 1, 16798 Fürstenberg/Havel-Bredereiche, www.capriolenhof.de // **Anfahrt** B 96 bis Dannenwalde, rechts auf die Blumenower Straße, in Blumenow links auf die L 214 nach Bredereiche, ab Bredereiche ist der Weg naturbelassen // **Öffnungszeiten** siehe Homepage // ab 3 Jahren

TIPP: Zwischen Bredereiche und Himmelpfort lädt ein Platz an der Havel zum Baden ein – das Nonnenbad.

29_DAS WEIHNACHTS-POSTAMT

Wünsche aus der janzen Welt

Wo, wenn nicht hier, wohnt der Weihnachtsmann? So dachten wohl zwei Kinder aus Berlin und Sachsen, als sie im Jahr 1984 die ersten Wunschzettel nach Himmelpfort schickten. Empfänger unbekannt, zurück an Absender? Das brachte eine Mitarbeiterin der Post nicht übers Herz. Sie beantwortete die Briefe selbst. Ihre Antwort muss sich herumgesprochen haben. Im folgenden Jahr kamen 75 Briefe. 35 Jahre später sind es 294.000, darunter 14.000 Briefe aus dem Ausland.

Von Mitte November bis Heiligabend können Kids ihre Wunschzettel sogar persönlich beim Weihnachtsmann abgeben. Der Mann mit dem weißen Rauschebart sitzt gemütlich im Sessel. Fröhlich ruft er jeden zu sich, egal, ob fünf Jahre alt oder 50 plus. Schüchtern überreichen die Kids ihre Wunschzettel. Puppen, Feuerwehr- und Polizeiautos oder Bausteine wünschen sich die kleineren. Smartphones und Tablet-Computer die größeren. Es sind auch ausgefallene Wünsche dabei: Maximilian (8) wünscht sich einen Wolf. Luisa (7) möchte die Rentiere des Weihnachtsmannes streicheln. Und Lena (6) würde gern hexen können.

An einem Tisch im Hintergrund sitzen fünf eifrig schreibende Weihnachtsengel. Insgesamt sind es 20, die dem Weihnachtsmann beim Beantworten der Briefe helfen. Ihr wollt auch Post von ihm? Hier ist die Adresse: An den Weihnachtsmann, Weihnachtspostfiliale, 16798 Himmelpfort. Wichtig: Absender nicht vergessen!

Adresse Klosterstraße 23, 16798 Fürstenberg/Havel-Himmelpfort, himmelpfort.de // **ÖPNV** Bahnhof Fürstenberg/Havel, weiter mit Bus 517, 839, Haltestelle Himmelpfort Zur Hasenheide // **Anfahrt** B 96 bis Fürstenberg/Havel, den Schildern nach Himmelpfort folgen // **Öffnungszeiten** ab Mitte November, genaue Termine siehe Homepage; Wunschbriefkasten am Haus des Gastes das ganze Jahr über // ab 3 Jahren

TIPP: Im Klosterkräutergarten Himmelpfort wachsen seltene Gewürz- und Teepflanzen, Küchenkräuter und Zauberpflanzen. Außerdem zu entdecken: Tastkästen, Weidentunnel und Insektenhotel.

30_DIE DICKE BERTHA

Ein Leuchtturm mitten in der Stadt

Mitten auf dem Domplatz, zwischen dem städtischen Museum und dem Dom St. Marien, steht er: der Fürstenwalder Leuchtturm. Weit und breit kein Schiff in Sicht, geschweige denn Wasser. Warum also steht er da?

Bis 1983 wies das Unterfeuer Vierendehlgrund – so die korrekte Bezeichnung – Schiffen den Weg nach Stralsund. Aufgestellt wurde der gut 13 Meter hohe Turm 1910. Mitten in der Ostsee. Wer es genau wissen will: 54°26'22"N, 13°03'48"E. So lauten die Koordinaten des einstigen Standorts. 73 Jahre verrichtete die Dicke Bertha, wie der Turm von Seefahrern genannt wurde, gewissenhaft ihre Arbeit. Dann entließ sie das Wasser- und Schifffahrtsamt Stralsund aus dem Dienst. Der rot-weiße Turm rostete vor sich hin. 2005 wurde er schließlich abgebaut und eingelagert. Doch seine Geschichte geht weiter.

Am 23. September 2007 wurde er in Fürstenwalde wieder aufgestellt. Mit neuem Anstrich, aber mit originaler Optik. Als Leuchtturm-Denkmal erinnert er an die Geschichte der Stadt: Hier stellte die Firma Julius Pintsch Anfang des 20. Jahrhunderts Seezeichen her und schickte sie in die ganze Welt. Auch die Dicke Bertha wurde in Fürstenwalde gebaut. Der eiserne Turm hat einen Durchmesser von nur 2,15 Metern. Links und rechts vom Turm ist je ein Gaskessel mit einem Durchmesser von 1,27 Metern angebracht. Zusammen ergibt das eine kräftige Erscheinung. Beim Wiederaufbau büßte die Dicke Bertha an Höhe ein. Die Folge: Jetzt ist sie optisch noch dicker.

TIPP: Bauen, handwerken, spielen können Kinder ab acht Jahren auf dem Bauspielplatz am Südclub in der Bahnhofstraße 5.

Adresse Domplatz, 15517 Fürstenwalde/Spree, barrierefrei // ÖPNV Bahnhof Fürstenwalde/Spree, weiter mit Bus 411, 414, Haltestelle Fürstenwalde Wassergasse; Bus 413, Haltestelle Fürstenwalde Niederlagetor // Anfahrt A 10, Ausfahrt Freienbrink, auf L 38 nach Fürstenwalde/Spree // Öffnungszeiten Leuchtturm: nur von außen zu besichtigen, Museum Fürstenwalde: April – Okt. Di – So 13 – 17 Uhr, Nov. – März Di – So 13 – 16 Uhr // ab 3 Jahren

31_DIE LADY AGNES

Ein Flugzeug zum Anfassen

Eine Iljuschin Il-62 steht zwischen Sonnenblumen auf dem Feld. Notlandung? Filmkulisse? Denkste. Die Passagiermaschine der DDR-Fluggesellschaft Interflug landete am 23. Oktober 1989 ganz bewusst auf dem Acker am Gollenberg, dem wohl ältesten Flugplatz der Welt. Hier führte Flugpionier Otto Lilienthal zwischen 1893 und 1896 seine Flugversuche von der 110 Meter hohen Anhöhe durch. Im August 1896 stürzte er aus 15 Metern ab. Er überlebte nicht. Der Gollenberg und der Flugplatz Stölln blieben bis heute Zentrum für die Fliegerei. Segelflug wird hier großgeschrieben: zum Mitfliegen und Selbstlernen. Gucken geht natürlich auch.

Zurück in das Jahr 1989. Stöllns damalige Bürgermeisterin Sibylle Heling hatte die tollkühne Idee, mit einer ausrangierten Interflugmaschine auf dem Flugplatz eine echte Attraktion zu schaffen. Die technischen Daten sind beeindruckend. Länge: 53 Meter, Spannweite: 43 Meter, Leermasse: knapp 70 Tonnen. Der erfahrene Pilot Heinz-Dieter Kallbach sollte das Langstreckenflugzeug überführen und auf der nur 900 Meter langen Landebahn, sprich dem Acker, aufsetzen. Genaue Planung, Testflüge in Schönefeld und gutes Wetter waren nötig. Beim dritten Anlauf stimmten die Bedingungen, und um 13:03 Uhr klappte die spektakuläre Landung. Seitdem steht die Lady Agnes, benannt nach Otto Lilienthals Frau, bereit zum Besichtigen: in voller Größe und als wäre sie gerade aus einem fernen Land eingetroffen.

Adresse Am Gollenberg 5, 14728 Gollenberg-Stölln // **Anfahrt** B 5 oder B 102, den Schildern folgen, Flugzeug gut sichtbar // **Öffnungszeiten** März Sa, So 11–16 Uhr, April–Okt. Di–So 10–17 Uhr, Nov.–Feb. geschlossen // ab 3 Jahren

TIPP: Ein (logischerweise) steiler Spaziergang auf dem Gollenberg macht Spaß. Zur Belohnung gibt es auf dem Gipfel Infos über Otto Lilienthal.

32_DAS STERNGUCKER-PARADIES

Licht aus, Sterne an

Tausende Sterne funkeln am Firmament. Die Milchstraße zieht sich wie ein glitzerndes Band einmal quer über den Nachthimmel. Sie ist mit bloßem Auge zu sehen. Nein, wir befinden uns nicht in der Atacama-Wüste in Chile und auch nicht im Outback Australiens. Wir sind in Brandenburg. Nur 70 Kilometer entfernt von Berlin. Im Sternenpark Westhavelland.

Ein Sternenpark ist eine speziell ausgewiesene Region mit einer weitgehend natürlichen Nachtlandschaft und einem sternenreichen Himmel. So die Definition. 137 solcher Sternenparks gibt es zurzeit weltweit; vier davon in Deutschland. »Regionen mit einem einigermaßen dunklen Himmel werden leider immer weniger«, sagt Thomas Becker vom Naturpark Westhavelland. »Es ist gut, dass sie geschützt werden.« Geschützt heißt: Licht nur da an, wo es wirklich gebraucht wird. Denn künstliches Licht stört nicht allein die Sicht ins All, sondern auch die Natur. Vor allem für Vögel und Insekten ist Lichtverschmutzung – so der Fachausdruck – ein oftmals lebensbedrohliches Problem.

TIPP: Schlafen unterm Sternenhimmel? Das geht auf dem Sportplatz in Gülpe. Dort kann man gegen eine geringe Gebühr sein Zelt für eine Nacht aufschlagen.

Im Sternenpark Westhavelland ist es nachts stockdunkel. Beste Bedingungen für Sternengucker. Nicht nur die Milchstraße können sie hier sehen: Galaxien, Gasnebel, Sternhaufen – die Liste ist lang. Auch Polarlichter wurden schon gesichtet. Darauf warten wir heute vergeblich. Stattdessen zählen wir Sternschnuppen.

Adresse Pareyer Dorfstraße 5, 14715 Havelaue-Parey, www.sternenpark-westhavelland.de // **Anfahrt** B 5 und B 188 bis Friedensstraße in Stechow-Ferchesar folgen, dann über Seeblick nach Parey // ab 3 Jahren

33_DER GÄNSETREFF

Großes Geschnatter im Anflug

Pssst, seid doch mal leise! Hört ihr das? Die Ohren gespitzt, steht die Familie am Zaun, der die Menschen zum Ufer des Gülper Sees deutlich auf Abstand hält. Das ist auch gut so. Es ist ein Vogelschutzgebiet. Seit 1967 steht der **Gülper See** unter Naturschutz. Er ist einer der bedeutendsten Rastplätze Mitteleuropas für Wasser- und Wattvögel. Möwen, Schwäne, Gänse und Kraniche sammeln sich auf dem Wasser. Sie schreien, sie krächzen. Sie quaken. Mein erster Eindruck: Oh, die sind aber weit weg. Damit hatte ich nicht gerechnet. Also unbedingt **Fernglas mitnehmen!** Dennoch faszinieren die schwarzen Punkte, die ab und an aufsteigen und in munteren Formationen über den See schweben. Magisch. Wie auf ein überdimensioniertes Tuch gestickt, das von einem Riesen durch die Luft geschwenkt wird. Aber das Beste kommt noch.

Von Nordwesten zieht eine dunkle Wolke auf. Sie besteht aus unglaublich vielen der schwarzen Punkte. Jetzt, mit Einbruch der Dämmerung, steuern sie auf das 660 Hektar große Gewässer zu. Wir werden still, das Geräusch am Himmel schwillt an. Erst ist es dumpf, dann wird es klarer. **Geschnatter** ohne Ende! Aus Tausenden Gänsekehlen. Was sie wohl zu berichten haben? Jetzt sind die Umrisse der Vögel auch mit bloßem Auge gut zu erkennen. Sie lassen sich an unterschiedlichen Stellen nieder und steigen wieder auf, tanzen über den See. Was für ein Spektakel! Bis zu **100.000 Gänse** versammeln sich laut NABU an manchen Abenden. Irgendwann geht es weiter Richtung Süden.

Adresse Bockwindmühle, An der Mühle, 14715 Havelaue-Prietzen // **Anfahrt** auf L 175 bis Prietzen, Mühle gut sichtbar an der Straße, dort parken // **Öffnungszeiten** jederzeit // für alle Altersstufen

TIPP: Im Naturparkzentrum Westhavelland ist Zeit, um zu experimentieren und die Vielfalt des Naturparks interaktiv zu entdecken.

34_DAS BIORAMA-PROJEKT

Papierflieger aus 123 Metern Höhe fliegen lassen

Weit über die Wipfel der Bäume ragen der Wasserturm aus gelben Backsteinen und der Aufzugsturm aus rotem Glas. Hier wohnen Sarah Phillips und Richard Hurding auf sechs Etagen. Die Macher des Biorama-Projekts haben den alten Wasserturm um- und den futuristischen Aufzugsturm angebaut. Am Wochenende steigen ihnen kleine und große Besucher aufs Dach. Von der Aussichtsplattform hat man einen atemberaubenden Panoramablick auf die Wälder und Seen der Schorfheide. Sogar den 55 Kilometer entfernten Fernsehturm kann man bei guter Sicht sehen. Sportliche nehmen die Stahltreppe nach oben, weniger anstrengend ist der Fahrstuhl. Neugierige können unterwegs einen Blick ins Wohnzimmer der Turmbesitzer erhaschen. Aber pssst!

Wieder unten angekommen, geht's auf Fossiliensuche. »Hier im Kies wurde schon manch erstaunlicher Fund gemacht«, erzählt Sarah Phillips. Wer keine Lust hat auf alte Steine, bastelt mit Richard Hurding Papierflieger. Einfach fragen. Der Designer teilt seine Falttricks gern. Mit den fertigen Fliegern geht es noch einmal rauf zur Aussichtsplattform. Von der Startrampe in 123 Metern Höhe über dem Meeresspiegel fliegen die Faltwerke rekordverdächtig weit. Bei Kids beliebt ist auch das Treppenzählspiel. 118 Stufen sind es insgesamt. Oder waren es jetzt doch 119? Oder 117? Wer sich verzählt, fängt von vorne an.

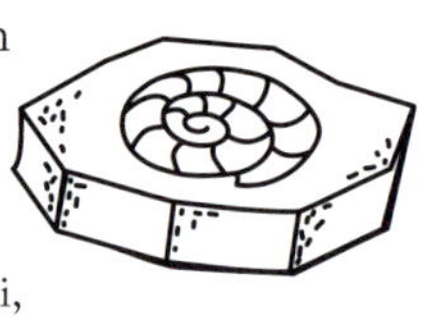

Adresse Am Wasserturm 1, 16247 Joachimsthal, barrierefrei, www.biorama-projekt.org // ÖPNV Bahnhof Joachimsthal // Anfahrt A 11, Ausfahrt Chorin, weiter auf L 23 bis Joachimsthal // Öffnungszeiten Mitte April – Okt. Do – So, Feiertage 11 – 18 Uhr // ab 3 Jahren

TIPP: Im Kaiserbahnhof Joachimsthal kann man im Sommer Hörspiele hören. Das Programm findet ihr hier: www.hoerspielbahnhof-joachimsthal.de.

KLESSEN-GÖRNE

35_DAS SPIELZEUG-MUSEUM

Eine Reise in die Kindheit

Die alte Dorfschule in Kleßen ist eine Schatzkammer für Spielzeuge. Zusammengetragen wurden sie von zwei Berlinern in vielen Jahren Sammelleidenschaft: Zelluloidpuppen, Steiff-Teddys, Blechspielzeug, Spielesammlungen, Bauklötze ... Kinderträume aus zwei Jahrhunderten. »Das älteste Stück ist ein Puppenautomat von 1840«, erklärt Museumsleiter Frithjof Hahn, »also eine Puppe, die mit einem Schlüssel im Rücken aufgezogen wird.« Im Schulzimmer nebenan quietscht es. Junior kratzt seinen Namen auf eine Schiefertafel. Ich stelle mir eine Schulklasse von anno dazumal vor und bedaure die Lehrer angesichts dieser Geräusche.

Unterm Dach liegt das 30 Quadratmeter große Paradies für Eisenbahnfans: eine liebevoll gestaltete Märklin-0-Anlage. Jeden zweiten Samstag im Monat darf mitgespielt werden. Jungs und Mädchen sind herzlich eingeladen, sich als Zugführer und Zugführerin zu betätigen. »Hier herrscht Quote«, steht auf einem Schild. Dann gibt es eine Einweisung, welcher Knopf welche Weiche stellt, und die ersten Bahnen surren über die Anlage. Während die Kids spielen, erfahren die Eltern etwas über das Geheimnis des Schienen-Zeppelins. Ein Luftschiff auf Rädern, das 1931 mit 230,2 Stundenkilometern einen Geschwindigkeitsrekord aufstellte – auf einer Strecke ganz in der Nähe des Spielzeugmuseums. Auf dem Dachboden geht es etwas gemütlicher zu, und nach mehr als einer Stunde Fahrspaß erhält die Familie ihr Eisenbahn-Diplom.

TIPP: Draußen spielen ist auch prima: am liebsten Verstecken. Geht eigentlich überall, wo geeignete Dinge in der Landschaft stehen.

Adresse Schulweg 1, 14728 Kleßen-Görne, www.spielzeugmuseum-havelland.de // Anfahrt Ausschilderung auf der B 5 folgen, rotes Gebäude Schulweg/Ecke Dorfstraße/L 11 // Öffnungszeiten März–Ende Nov. Mi–So, Feiertage 11–17 Uhr // ab 5 Jahren

36_DAS ORTSSCHILD KOTZEN

Der »schlechteste« Ortsname

»Hihi, das ist aber ein komischer Name«, kichert das Kind auf der Rückbank im Auto. Ja, was sagt man, wenn man aus Kotzen kommt? Knapp 600 Einwohner hat der Ort im Havelland. Das Kind kichert, und der Teenie zückt das Smartphone: »lol«. Wer Bock hat auf ein etwas anderes Familienfoto: Voilà, hier ist das Motiv.

1.800 Meter sind es einmal durch Kotzen hindurch. Ist der Name ein Hinweis auf eine fiese Magen-Darm-Welle vergangener Zeiten? Oder was ist hier los? Erstmals erwähnt wurde Kotzen mit der Schreibweise »Cozym« im Jahr 1352. Der Name ist slawischen Ursprungs. Die Bedeutung: Faser, Pflanze oder auch »Ort, wo haarige Pflanzen wachsen«. Im Laufe der Zeit wandelte sich der Name. Volksetymologie. Auf Deutsch: volkstümliche Umwandlung nicht allgemein verständlicher Worte. Sprache ist schließlich etwas Lebendiges. Kostüm oder Kutschen hätte es auch werden können. Aber nee: Kotzen. Dumm jelaufen! Eine Anwohnerin findet das aber gar nicht schlimm: »Die meisten lachen, wenn sie den Namen hören.«

Die Mark Brandenburg hat so manchen lustigen Ortsnamen zu bieten. In einer Umfrage der Märkischen Allgemeinen Zeitung unter ihren Lesern belegte Kotzen den zweiten Platz hinter Kuhbier. Unsere Top Ten der lustigsten Ortsnamen in Brandenburg: Kuhbier, Kotzen, Schabernack, Ohnewitz, Regenmantel, Busendorf, Ranzig, Wassersuppe, Knoblauch und Sauen. Noch Fragen? Ach ja, wie heißt ein Bewohner des Ortes Kotzen? Ganz einfach: Kotzener.

Adresse 14715 Kotzen // **Anfahrt** B 188, Ausschilderung folgen bis Ortseingang oder von Nennhausen über Dorfstraße // **Öffnungszeiten** jederzeit // ab 3 Jahren

TIPP: Liegt in Sachsen-Anhalt, ist aber genauso toll: der Ort mit dem zauberhaften Namen Poritz. We like.

37_DER BASSEWITZ-BRUNNEN

Mit Brei im Kampf gegen den Raubritter

Eine echte Überraschung! Die erlebte der Legende nach Kurt von Bassewitz in Kyritz. Der fiese Mecklenburger Ritter hatte es vor mehr als 600 Jahren auf die Reichtümer der Stadt abgesehen. Im Jahr 1381 fiel er in der Prignitz ein und plünderte und stahl, was es nur gab. Auf seinem Raubzug gelangte er auch nach Kyritz. Er überfiel die Stadt, doch die Bürger verteidigten sich tapfer. Raubritter Bassewitz musste erfolglos von dannen ziehen. Jetzt war er so richtig sauer für, nun ja, etwa 30 Jahre.

Bei seinem zweiten Überfall 1411 belagerte er die Stadt und grub ganz listig einen Tunnel unter der Stadtmauer. Doch dies blieb nicht unentdeckt. Es heißt, die Kyritzer verfolgten die Bauarbeiten durch Horchen am Boden und der vermutete »Ausstieg« wurde Tag und Nacht bewacht. Als es so weit war, warteten bereits die Marktfrauen und übergossen den Angreifer mit heißem Brei. Autsch! Der Raubritter wurde gefangen genommen.

Der Springbrunnen, vom Künstler Jan Witte-Kropius erschaffen, zeigt seit 2007 die Geschichte und ihren entscheidenden Moment. Schaut ihn euch an den Schurken, wie er aus den Pflastersteinen herausbricht. Das Staunen ist ihm ins Gesicht geschrieben. Gut vorstellbar, dass er denkt: Echt jetzt? Na super! Das Schwert des Ritters ist im Rathaus der Stadt ausgestellt. Bis heute feiern die Kyritzer den Bassewitztag am Montag nach Invokavit (Rosenmontag) mit Theater, Musik und Gebäck. Vielleicht auch mit Brei!?

Adresse Marktplatz, 16866 Kyritz // **ÖPNV** Bahnhof Neustadt (Dosse), weiter mit Bus 712, Haltestelle Maxim-Gorki-Straße // **Anfahrt** Pkw B 5, Marktplatz im Zentrum // **Öffnungszeiten** jederzeit // ab 3 Jahren

TIPP: Tulpe, Rose und Co. verzaubern euch mit ihrer Blütenpracht auf dem Gelände der LaGa 2019 (Landesgartenschau) in Wittstock/Dosse.

38_DER ORT, AN DEM NICHTS GESCHAH

Kann das sein?

Die Sonne steht hoch über dem Marktplatz. Es ist ein heißer Tag im Juli. Die Luft flirrt über dem Kopfsteinpflaster. Es ist Mittag. High Noon. An einem Montag, einem bedeutungslosen Montag, der genauso wenig in die Geschichte eingehen wird wie der 14.02.1842. Denn an diesem Tag geschah in Kyritz auf dem Marktplatz: NICHTS. So steht es geschrieben auf einer Steintafel, die in die vor Hitze glühenden Steine eingelassen ist. Es ist still.

Das war früher anders. Aus Richtung Berlin kommend führte einst der Weg in die Innenstadt an der alten Stadtmühle vorbei. Das Rattern und Knattern der hölzernen Mühlenräder war ziemlich laut. Deshalb gaben die Besucher vor etwa 200 Jahren der Stadt den Spitznamen »Kyritz an der Knatter«. Den kleinen Mühlenfluss, ein Nebenarm der Jäglitz, nannten sie »Knatter«. Alles inoffiziell. Die Wassermühlen und das Flüsslein gibt es nicht mehr – der Name blieb.

Zurück zum NICHTS, für das man ja schon mal eine Gedenkplatte in den Boden rammen kann. *Why not?* Eigentlich eine schöne Idee, einen Tag zu ehren, an dem nichts geschah. Im chaotischen Family-Business unvorstellbar. Der Urheber ist der Künstler Reiner Zabka, der im Ortsteil Gantikow das Lügenmuseum betrieb, eine Sammlung von Erfundenem, Kuriosem und unglaublichen Dingen. Warum also die Steinplatte? Vermutlich ein Schabernack, sonst nichts.

Adresse Marktplatz, 16866 Kyritz // ÖPNV Bahnhof Neustadt (Dosse), weiter mit Bus 712, Haltestelle Maxim-Gorki-Straße // Anfahrt B 5, Marktplatz im Zentrum // Öffnungszeiten jederzeit // ab 4 Jahren

TIPP: Gegenüber steht ein kleiner Turm, der als Tauschbox für Kleidung, Geschirr, Spielzeug und was man sonst braucht (oder eben nicht mehr) dient. Einfach mal stöbern!

LÖWENBERGER LAND-NASSENHEIDE

39_ DER KAMELHOF

Achtung, Schwindelgefahr!

Keine Fata Morgana ist es, wenn Kamele in Nassenheide über die Weide schaukeln. Seit 16 Jahren betreiben Gabriele und Jörg Heidecke hier den Kamelhof. 15 Trampeltiere – das sind die mit den zwei Höckern – leben heute auf dem Hof. Das älteste ist 20 Jahre alt, das jüngste gerade mal ein paar Wochen. Doch warum ausgerechnet Kamele? »Wir wollten mit Tieren arbeiten, ohne uns dabei schlecht zu fühlen. Erst dachten wir an Pferde, aber ihre Haltung ist teuer und die Konkurrenz groß. So kamen wir auf Kamele«, erzählt Jörg Heidecke.

Die Trampeltiere fühlen sich sichtlich wohl im märkischen Land. Als Energiesparer tun sie nur das, was nötig ist. Sie fressen, dösen und käuen wieder, bis zu 40 Mal. Ab und an wälzen sie sich im Sand, gern auch in Asche. Im Winter gucken sie nachts Sterne. Im Sommer gehen sie in die Scheune. Dort ist es kühler. Hitze mögen sie nicht so. In den Trockensteppen und Halbwüsten Asiens, der Heimat der Trampeltiere, wird es bis zu – 40 Grad Celsius kalt. Dagegen sind die Winter hierzulande mild; das Winterfell darum nicht ganz so dick.

Ein Besuch auf dem Kamelhof ist ganzjährig nach Voranmeldung möglich. In kleinen Gruppen, das ist Gabriele und Jörg Heidecke wichtig, können Besucher die Trampeltiere kennenlernen. Beim Kommunikationsbürsten und Streicheln kommen sie den freundlichen Tieren hautnah. Der schaukelnde Höhepunkt: der Ritt auf einem Kamel. Ein bisschen fühlt man sich dabei wie auf einem Schiff, so sehr schwankt es hin und her.

TIPP: In Neuendorf befindet sich der Hof Windkind. Hier werden Walnussbäume angebaut. Der Nusshain ist frei zugänglich. Es gibt eine Picknick-Station, eine Leseecke und ganz viel Natur.

Adresse Am Dorfanger 12, 16775 Löwenberger Land-Nassenheide, www.kamelhof-nassenheide.de, barrierefrei // **ÖPNV** Bahnhof Nassenheide, weiter zu Fuß; Bahnhof Oranienburg, weiter mit Bus 802, Haltestelle Nassenheide Kirche // **Anfahrt** A 10, A 12, A 24 bis Kreuz Oranienburg, weiter auf B 96 // **Öffnungszeiten** ganzjährig auf Anfrage // ab 3 Jahren

40_DIE MINI-FLOSSFÄHRE

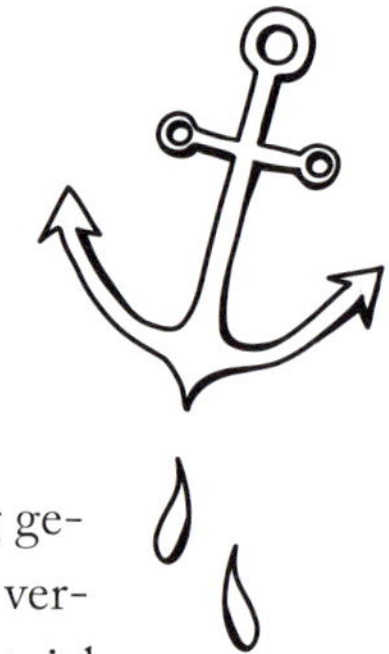

Jetzt fahr'n wir über die Spree …

Dem kleinen Fährmann kann es gar nicht schnell genug gehen, um mit dem Floß ans andere Ufer zu gelangen. Die versteckte Attraktion auf der Schlossinsel in Lübben befindet sich unterhalb der Spazierbrücke, auf der man den Rundgang über die Insel startet. Von oben sieht die Sache gar nicht so schwierig aus. An einem kleinen Nebenarm der Spree soll übergesetzt werden. Per Muskelkraft. Klimafreundlich. Dafür muss die etwa zwei Quadratmeter große Mini-Fähre an einem Strick entlanggezogen werden. Auf der kleinen Holzfläche haben etwa vier Kinder oder eine dreiköpfige Familie Platz. Wie? Ihr seid aber mehr? Kein Problem, dann wird mehrmals hin- und hergefahren. Die beiden Ufer sind nur einige Meter voneinander entfernt.

Wir steigen die Treppe hinunter, jetzt beginnt das Spektakel. Wer ist hier der Kapitän? Wer zieht, und – ganz wichtig – wer geht auf welche Seite? Liebe Eltern, habt ihr in Physik aufgepasst? Die kleine Fähre sollte gut ausbalanciert sein! Sonst bekommen die Großen schnell mal nasse Füße. Sehr zur Freude des kleinen Fährmanns. Nach erfolgreicher Überfahrt erkunden wir den Rest der Insel: Die Kinder lauschen verträumt im Klanggarten und flitzen durch das Hügellabyrinth. Am Ende gibt es zur Belohnung eine Abkühlung: planschen auf dem großen Wasserspielplatz mit Becken, Wasserläufen und Fontänen. Spätestens hier werden alle nass. Was für ein Vergnügen für Groß und Klein.

Adresse Schlossinsel, 15907 Lübben // ÖPNV Bahnhof Lübben, weiter mit Bus 518, Haltestelle An der Kupka // Anfahrt Schlossinsel zentral an der B 87, Parkplatz Schlossinsel // Öffnungszeiten immer zugänglich // ab 4 Jahren, Wasserspielplatz für alle Altersstufen

TIPP: Bei Gurken-Paule gibt es tolle Spreewald-Leckereien aus dicken Fässern (und in Gläsern), direkt am Eingang der Schlossinsel. Unbedingt probieren!

41_DAS FREILAND-MUSEUM

Ohne Handy, ohne Strom

Das Heu pikst, wenn man sich reinlegt. Aber es duftet schön nach ... na ja, nach Heu eben. Und hat man sich an das Piksen gewöhnt, ist es sogar ganz gemütlich. Man könnte glatt liegen bleiben. Doch es ist gerade mal elf Uhr am Vormittag, und das Wohn-Stallhaus von 1840 ist erst der Anfang. Insgesamt gibt es im Freilandmuseum Lehde vier originale Bauernhöfe aus der ganzen Spreewaldregion zum Angucken und Mitmachen. Also raus aus dem Heu, die Glieder gestreckt, und weiter geht's mit der Zeitreise durch das 19. Jahrhundert.

Ursprünglich sollte das gesamte Dorf Lehde – mitsamt den darin wohnenden Menschen – in ein Freilandmuseum umgewandelt werden. Das wollten die Lehdschen nicht. Denn das hätte bedeutet: kein Strom, kein Fernsehen, keine Playstation. Ein Teenie-Alptraum! Als Kompromiss ist 1957 das Dorf im Dorf entstanden. Hier wird das Wasser heute noch mit dem Eimer aus dem Fließ geschöpft, die Wäsche mit Waschbrett, Bürste und Muskelkraft geschrubbt und die – zugegeben nicht ganz echte – Kuh mit der Hand gemolken. Klingt anstrengend? Ist es auch. Genau wie die anderen Mitmachstationen: ein Haus bauen (echt jetzt?), auf wackeligen Stelzen staksen (krass), Gurken einlegen (lecker) und in schweren Holzpantinen laufen (nicht dein Ernst?). Es für einen Tag auszuprobieren und mit anzupacken macht aber mächtig Spaß und ist ein analoges Abenteuer für die ganze Familie.

TIPP: In Lübbenau sollte man in einen Spreewaldkahn steigen und sich ins Freilandmuseum staken lassen.

Adresse An der Giglitza 1a, 03222 Lübbenau/ Spreewald-Lehde // **ÖPNV** Bahnhof Lübbenau (Spreewald), weiter mit Bus 661, Haltestelle Lübbenau (Lehde) // **Anfahrt** A 13, Ausfahrt Lübbenau, dann Beuchower Hauptstraße bis Lübbenau, kaum Parkmöglichkeiten in Lehde, in Lübbenau parken und zu Fuß weiter // **Öffnungszeiten** April – Sept. täglich 10 – 18 Uhr, Okt. täglich 10 – 17 Uhr // ab 3 Jahren

42_DIE KIBI

Bücher ausleihen im Wartesaal

Wo früher Fahrkarten verkauft wurden, werden heute Medien ausgeliehen. Seit 2008 beherbergt das Bahnhofsgebäude der Stadt Luckenwalde die öffentliche Bibliothek. In der ehemaligen Bahnhofshalle warten jetzt Neuerscheinungen und Zeitungen auf die Besucher. In den alten Wartesälen der ersten und zweiten Klasse reihen sich Bücherregale dicht an dicht. Und im früheren Kaisersalon herrscht Ruhe zum Lesen.

Die Kinderbibliothek KIBI befindet sich linker Hand. Im Neubau. Außen glänzt der schiefe Anbau golden, drinnen ist im Erdgeschoss alles kunterbunt. Bücher stehen in den Regalen oder in Kisten im Raum verteilt. Auch Hörbücher und Spiele können sich Leseratten ab zwei Jahren ausleihen. Insgesamt gibt es in der KIBI 7.700 Medien. Heike Rosendahl, die Leiterin der Bibliothek, hat nachgezählt. Lesen kann man hier sofort vor Ort. Bunte Sitzsäcke liegen auf dem Boden. Eine Lesehöhle lädt zum ungestörten Schmökern ein. Und in der Mitte thront ein roter Sessel. Der ist für Oma und Opa. Dort können sie Platz nehmen, wenn sie ihren Enkeln vorlesen möchten.

Gegründet wurde die Bibliothek am 29. September 1846. Damit ist sie die älteste Bibliothek im Land Brandenburg. Bei ihrer Gründung passten alle Bücher in einen Bücherspind. Heute braucht es dafür 950 Quadratmeter. So groß ist das Bahnhofsgebäude. Gut zu wissen für Regentage: Auch Tagesgäste können gegen eine geringe Gebühr die Bibliothek besuchen.

TIPP: Einen Rutschrekord kann man auf der 57 Meter langen Turborutsche in der Fläming-Therme aufstellen. Wer rutscht am schnellsten?

Adresse Bahnhofsplatz 5, 14943 Luckenwalde, barrierefrei // ÖPNV Bahnhof Luckenwalde // Anfahrt B 101 bis Luckenwalde, Bibliothek im Bahnhof // Öffnungszeiten Mo geschlossen, Di 10 – 18 Uhr, Mi – Fr 13 – 18 Uhr, Sa 10 – 13 Uhr // ab 2 Jahren

43_DAS FLEDERMAUS-MUSEUM

Ein Hotel für fliegende Mäuse

13 Kästen hängen unter dem Dachfirst. Was aussieht wie Briefkästen, sind Quartierhilfen für Fledermäuse. Hier können sich die hoch spezialisierten Säugetiere tagsüber aufhalten, ihre Jungen zur Welt bringen oder Winterschlaf halten. Als wir davorstehen, ist es fledermäuschenstill. Nichts rührt sich. Stichwort: nachtaktiv.

In Brandenburg gibt es 18 Fledermausarten; zwölf davon sind im Fledermausmuseum Julianenhof anzutreffen. Im Mai 2020 wurden bei einer Ausflugszählung 1.185 Tiere gezählt. Obwohl die Fledermäuse sehr versteckt leben, können Besucher die Nachtschwärmer beobachten. Eine Kamera überträgt Bilder aus einem Quartier auf dem Dachboden. Auch die Große Bartfledermaus zieht dort ihre Jungen auf. Über 300 Weibchen kümmern sich um ihren Nachwuchs.

Im Fledermausgarten finden die Fledermäuse Futter. Dort wachsen Lavendel, Weidenröschen, Nachtkerzen und Co. Sie locken die Lieblingsspeise der Fledermäuse an: Insekten. Auf Hinweistafeln stehen Tipps für den eigenen Garten. Nachmachen ist erwünscht!

Ab November wird es ruhig auf dem Julianenhof. Dann verstecken sich die Fledermäuse in ihrem Winterquartier, zum Beispiel im Eiskeller. Mit einer Fläche von 40 Quadratmetern ist er einer der größten in Brandenburg. Mehr als fünf Meter hoch und 1,85 Meter stark sind die Wände. Hier wurden einst circa 120 Kubikmeter Eis gelagert. Das hielt bis zu zwei Jahre. Heute überwintern bei einer Raumtemperatur von sechs Grad Celsius Fledermäuse. 56 waren es im vergangenen Winter.

TIPP: Die Waggons der Buckower Kleinbahn wurden aus Teilen von Straßen-, S- und Eisenbahnwaggons der DDR gebaut – ein fahrendes Museum.

Adresse Julianenhof 15b, 15377 Märkische Höhe-Julianenhof, www.fledermausmuseum-julianenhof.de // **Anfahrt** B 168, dann L 34/Reichenberger Chaussee zum Julianenhof // **Öffnungszeiten** siehe Homepage // ab 5 Jahren

44_DER BIRNENGARTEN

Zwischen Williams Christ und Madame Verté

Birnentorte, Birnensaft, sogar Birnengulasch – das Dorf im Havelland feiert hart die Birne. Ob sich die Bewohner dabei krass fühlen, ist unklar. Gesichert ist hingegen, dass der Birnen-Hype durch Fontanes berühmtes Gedicht ausgelöst wurde: »Herr von Ribbeck auf Ribbeck im Havelland«. Wer hat es nicht in der Schule gelernt? Mit Friedrich-Carl von Ribbeck lebt der Enkel des letzten Gutsherrn Hans von Ribbeck im Ort. Der bedichtete großzügige Birnenspender Hans-Georg von Ribbeck lebte von 1689 bis 1759. Der Birnbaum fiel 1911 einem Sturm zum Opfer. Der alte Baumstumpf ist in der Dorfkirche ausgestellt. An neuen Birnbäumen mangelt es nicht. Auf dem Kirchhof steht ein prächtiges Exemplar, und vor dem Gutshaus sind 16 verschiedene Sorten aus den 16 deutschen Bundesländern gepflanzt.

Am Ortsrand gibt es einen wilden Birnengarten. Das Gras ist hoch. In der Mitte befindet sich ein großer alter Wassertrog. Landhausidylle. Beim Café Ribbäcker kann man einen Picknickkorb mieten und es sich unter den Obstbäumen schmecken lassen. Überhaupt ist es interessant, zu sehen, dass es mehr Birnensorten gibt als die üblichen zwei, die wir im Supermarkt kaufen: große und kleine, hellgelbe und rotbackige. Die Melanchthon-Birne ist sehr wahrscheinlich die Sorte des legendären Birnbaums, fand ein Pomologe heraus. Der Experte begründete seine Annahme unter anderem damit, dass diese Sorte klein und fest sei. Folglich konnte man sich damit safe, wie die Teenies heute so sagen, die Taschen vollstopfen.

TIPP: Interessante Einblicke in die Familiengeschichte bekommt man auf dem kleinen Familienfriedhof derer von Ribbeck im Zentrum des Ortes.

Adresse Am Birnbaum 5, 14641 Nauen-Ribbeck, www.ribbaecker.de // ÖPNV Bahnhof Nauen, weiter mit Bus 661, 669, Haltestelle Ribbeck (Havelland) // Anfahrt über B 5, Ausschilderung zum Parkplatz 2 folgen // Öffnungszeiten immer zugänglich // für alle Altersstufen

45_DAS BLUMENFELD

Leuchtend bunt zum Selbstpflücken

Kurz hinter dem Ortseingangsschild von Ribbeck, direkt an der B 5, lockt ein großes Schild zum Blumenpflücken. Von Ende Juni bis Mitte September können große und kleine Blumenfreunde hier einen Blumenstrauß schneiden. Kids macht das besonders großen Spaß. Auf dem 1,5 Hektar großen Feld wächst ein Mix aus Gladiolen und Sonnenblumen. Einladend stehen die bunten Sommerblumen in geraden Reihen nebeneinander. Weiß, rosa, rot und violett leuchten die Gladiolen. Der Name leitet sich von dem lateinischen Wort »gladius« ab, das heißt Schwert. Auf dem Feld etwas weiter hinten strahlen die Sonnenblumen gelb. Die bis zu drei Meter hohen Blumen sind wahre Sonnenanbeter. Mit ihren Köpfen verfolgen sie den Lauf der Sonne.

Aber genug gefachsimpelt und ran an die Blumen. Messer zum fachgerechten Abschneiden liegen übrigens bereit. Doch: Wer die Wahl hat, hat die Qual. Denn: Das Gras ist bekanntlich auf der anderen Seite des Hügels grüner. In unserem Fall: die Blume in der nächsten Reihe bunter. Nach einigem Hin und Her ist die Mission Blumen pflücken schließlich erfüllt. Stolz halten wir einen riesigen Strauß in den Händen. Bezahlt wird an der Kasse des Vertrauens. Auf einem Schild stehen die Preise. Auf dem Weg zum Auto bekomme ich einen Ohrwurm. Bis wir zu Hause sind, geht er mir nicht mehr aus dem Kopf: »Vielen Dank für die Blumen, vielen Dank, wie lieb von dir.« Tom und Jerry lassen grüßen.

Adresse Alte Hamburger 25, 14641 Nauen-Ribbeck // **ÖPNV** Bahnhof Friesack/Mark, weiter mit Bus 661, Haltestelle Ribbeck, dann 6 Minuten Fußweg // **Anfahrt** B 5 bis nach Ribbeck // **Öffnungszeiten** Ende Juni–Mitte Sept. jederzeit zugänglich // ab 3 Jahren

TIPP: Lust auf Lagerfeuer und Stockbrot? Beides gibt's (fast) immer auf dem zwei Kilometer entfernten Kinderbauernhof Marienhof.

46_DAS WALDGESICHT

Gut versteckt, doch entdeckt

Der dunkle Turm ragt in den Himmel. Obendrauf – typisch Brandenburg – ein Storchennest. Schon von Weitem ist der hohe Schornstein der Alten Brennerei in Liepe zu sehen. Wichtig: Es handelt sich um Liepe im Havelland, einen Ortsteil von Nennhausen. Nicht verwechseln mit Liepe im Landkreis Barnim. Jut, dit hätten wa jeklärt. Die Alte Brennerei ist heute ein Restaurant mit einem wunderbaren Garten, in dem man unter großen Kastanienbäumen sitzen und futtern kann. Dabei blickt man auf den »Stadtpark«: die imposante hölzerne Slawenburg, den Spielplatz und das Tiergehege. Ein Weg führt dort vorbei. Wir folgen ihm. Die Ziegen schauen uns neugierig hinterher. Was wollen die Zweibeiner hier? Na, Holzskulpturen gucken: Nautilusschnecken, Hände und ein Ziegenkopf mit Hörnern sind kunstvoll in die Überreste alter Bäume geschnitzt. Mal sehen, was wir noch finden.

Ganz hinten im Grün, zwischen den Bäumen, hat es sich ein knuffiger Knirps mit Knollennase gemütlich gemacht. Na ja, er kann ja auch nicht weg. Seit vielen Jahren hockt er an Ort und Stelle und ist vom Wetter gezeichnet. Dabei sieht er sehr fröhlich aus. Wem die Werke zuzuschreiben sind, ist schwer herauszufinden. Wir fragen uns durchs Dorf – ohne Erfolg. So bleibt der Waldknirps ein geheimnisvoller Unbekannter, der uns still mit einem freundlichen Lächeln begrüßt.

Adresse Breite Straße 41, 14715 Nennhausen-Liepe // Anfahrt hoher Schornstein gut von der B 5 sichtbar, über Retzow und Möthlow auf L 991 fahren // Öffnungszeiten Park immer zugänglich, Alte Brennerei: Mi–So 11.30–21 Uhr, Feiertage 12–21 Uhr, Mo, Di geschlossen // ab 3 Jahren

TIPP: Im Restaurant der Alten Brennerei bäckt die Sizilianerin Maria leckere Pizza nach Originalrezepten aus ihrer Heimat. Buon appetito!

47_DAS FISCHERNETZ XXL

Früher Fischmarkt, heute Spielplatz

Beim Spaziergang in der Fontanestadt für euch entdeckt: das weithin sichtbare Fischernetz XXL am Neuen Markt. Keine Sorge, hier wird niemand gefangen. Hier können Kids nach Herzenslust toben. Ganz Mutige klettern bis oben hinauf. Die Stahlträger des Kletternetzes ragen meterhoch in den Himmel und neigen sich in verschiedene Richtungen. So deuten sie ein ausgeworfenes Netz an. Oder Wellen? In jedem Fall steckt Bewegung drin, und das ist doch genau das Richtige für die Kleinen. Für eine kurze Verschnaufpause gibt es Hängematten. Danach geht es an die beiden Matschtische mit Wasserpumpen, die an die ehemaligen Fischbänke erinnern sollen. Früher befand sich hier der Fischmarkt. Klar, dass sich beim Spielen alles um das Thema Wasser dreht.

Theodor Fontanes Geburtshaus mit Löwen-Apotheke liegt in der Karl-Marx-Straße, nur wenige Minuten zu Fuß vom Spielplatz entfernt. Am 30. Dezember 1819 erblickte der Dichter und Schriftsteller in Neuruppin das Licht der Welt. Mit 30 Jahren gab er den Apothekerberuf auf und entschloss sich, als freier Schriftsteller zu leben. Wer kennt sie nicht, die berühmten »Wanderungen durch die Mark Brandenburg« oder den Herrn Ribbeck aus dem Havelland? 1898 starb Fontane in Berlin. Kurz vor seinem Tod schrieb er in seinem Roman »Der Stechlin« über den Stechlinsee. Mehr als 100 Jahre später entdeckten Biologen in dem Gewässer eine neue Fischart – und tauften sie *Coregonus fontanae*.

TIPP: Gleich um die Ecke, in der Siechenstraße, stehen die ältesten (anno 1694) und schiefsten Fachwerkhäuser der Stadt. Angucken und staunen.

Adresse Fischbänkenstraße, 16816 Neuruppin // ÖPNV Bahnhof Rheinsberger Tor, dann 7 Minuten zu Fuß // Anfahrt A 24, Ausfahrt Neuruppin-Süd, weiter auf L 16 und Fehrbelliner Straße, Neuer Markt in der Altstadt // Öffnungszeiten jederzeit // ab 4 Jahren, Spielplatz für alle Altersstufen

48_DAS HAUS DER BIENEN

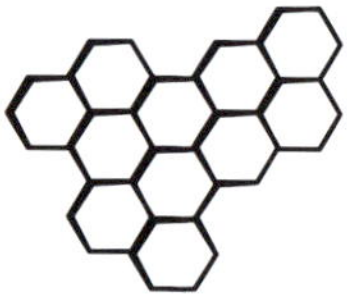

Urban Beekeeping in der Altstadt

Mit Bienen unter einem Dach leben? Wie das geht, kann man in Neuruppin erfahren. Mitten in der Altstadt widmet sich Georg Güthenke der Bienenhaltung. Auf der Suche nach Nektar und Pollen fliegen die gelb-schwarzen Insekten bis zu fünf Kilometer weit, und

das mehrmals am Tag. In den Gärten der Stadt wächst, was Bienen schmeckt. So finden sie das ganze Jahr Nahrung. Zum Dank produzieren sie den Neuruppiner Stadthonig, ungefähr 30 Kilogramm im Jahr. Lecker!

Doch dem Imker geht es nicht nur um den Honig. Ihm liegt das Wohl der Bienen am Herzen. Er unterstützt sie beim Schwärmen und der natürlichen Königinnenzucht, lässt sie ganzjährig in ihrem Zuhause leben und mit der Hälfte ihres Honigs überwintern. Das haben sie sich nach einem anstrengenden Sommer verdient.

Wer mehr über die Nektarsammler erfahren will, kann eine Führung buchen. Drei Bienenstöcke stehen auf dem Dachboden, die restlichen auf dem Garagendach. In jeder Beute, so das Fachwort für Bienenstock, leben circa 50.000 Bienen. Durch ein schmales Guckfenster – in Kinderaugenhöhe – kann man sie bei ihrem emsigen Tun beobachten: Hunderte von Bienen krabbeln zwischen den Waben umher, es summt und brummt. Vorsichtig hebt Georg Güthenke den Deckel an. Mal riechen? Mmh, das duftet. Wie der Honig aus der Wabe ins Glas kommt, erfährt man im Schleuderraum. Gäste dürfen die Honigschleuder auch mal drehen. Außerdem gibt es Bienenwachstücher – eine natürliche Alternative zur Frischhaltefolie. Praktisch für Pausenbrote.

TIPP: Der Ruppiner See ist mit 14 Kilometern der längste See Brandenburgs. Erkunden kann man ihn bei einer einstündigen Rundfahrt (www.schifffahrt-neuruppin.de).

Adresse Erich-Mühsam-Straße 14/15, 16816 Neuruppin, www.kultur-imkerei.de // ÖPNV Bahnhof Rheinsberger Tor, dann 15 Minuten zu Fuß // Anfahrt A 24, Ausfahrt Neuruppin-Süd, über L 16 nach Neuruppin // Öffnungszeiten auf Anfrage // ab 5 Jahren

49_DER STORCHENTRABI

Brüten in Plaste und Elaste

Ein alter Strommast steht mitten im Feld. Obendrauf schwebt in sieben Metern Höhe eine Rennpappe. Ein Trabant P601. Atlasweiß. Auf dem Dachgepäckträger ist Platz für ein stattliches Storchennest mit 1,50 Meter Durchmesser. Dafür haben sich Daniel und Kevin Schönberg auf YouTube informiert, worauf es beim Bau einer Nisthilfe für Störche ankommt. Sie legten Besenstiele im Kreis, flochten Äste darum und legten Stroh aus. Seit 2013 sind die beiden die Besitzer der Bechliner Mühle und restaurieren sie mit viel Engagement. Die Geschichte des dazugehörigen Storchennests beginnt aber schon viel früher.

Bereits 1998 überraschte Müller Arthur Jänsch seine Freunde mit der Aktion. »Dit machste sowieso nicht«, sagten die. Aber der Müller machte und hob einen Trabant von der Straße weg gen Himmel: mit Motor, Getriebe und sogar Benzin im Tank. Nach 20 Jahren in luftiger Höhe hatten Wind und Wetter dem inoffiziellen Wahrzeichen Neuruppins an der B 167 stark zugesetzt. Der Trabi drohte auseinanderzufallen. Am Mühlentag 2018 wurde der Kultflitzer versteigert. Die 100 Euro Erlös flossen in eine »neue« Trabant-Karosserie, Baujahr 1976, dieses Mal ohne Motor und Getriebe. Aber das brauchen Störche ja auch nicht. Der Trabant P601 Limousine war das meistgebaute Trabi-Modell der DDR. Mehr als drei Millionen Exemplare liefen beim VEB Sachsenring in Zwickau vom Band. In Neuruppin strahlt der P601 wieder oben auf dem Mast. Jetzt hoffen die Schönbergs, dass sich Meister Adebar ins gemachte Nest setzt.

Adresse Bechliner Chaussee 19, 16816 Neuruppin-Bechlin, www.bechliner-muehle.de // **Anfahrt** über B 167 // **Öffnungszeiten** jederzeit // ab 3 Jahren

TIPP: Trabi, Sandmännchen und unzählige Alltagsgegenstände zeigt das private Museum DDR-Zeitreise in Löwenberger Land-Neulöwenberg.

NEURUPPIN-GÜHLEN/GLIENICKE

50_DIE KOCHQUELLE

Wo mit kaltem Wasser gekocht wird

Ein faszinierendes Naturschauspiel kann man in Kunsterspring erleben: Dort entspringt brodelnd die Kunster. Durch kleine Löcher im Erdboden tritt das Wasser aus der Erde aus und wirbelt feinen Sand auf. Es blubbert – wie in einem Kochtopf. Daher der Name. Wer sich traut, eine Hand in das glasklare Wasser zu halten, erlebt eine Überraschung: Es ist ... eiskalt! Acht Grad Celsius, Sommer wie Winter. Beste Bedingungen für Bachflohkrebse. Bei genauem Hinschauen kann man die bis zu 23 Millimeter großen Tierchen durchs kühle Nass flitzen sehen.

Zur Quelle des Bachs führt ein drei Kilometer langer, gut ausgeschilderter Rundweg. Er beginnt am Kunsterteich. Mit etwas Glück kann man dort Fischotter beobachten. Auch der seltene Eisvogel wurde hier schon gesehen. Also Augen auf! Weiter geht's bachaufwärts, vorbei an 36 Meter hohen Baumriesen und einer malerischen Feuchtwiese. Im Frühling leuchtet sie unfassbar grün, im Sommer blühen Orchideen. Je weiter man dem Gewässer zu seinem Ursprung folgt, desto schmaler wird es. Wie eine Schlange windet es sich durch das Tal. Durch die Kraft des Wassers wurde ein Canyon im Kleinformat ausgewaschen. Links und rechts ragen meterhohe Steilhänge empor. In den Hängen entspringen zahlreiche Quellen und fließen lustig murmelnd hinab zur Kunster. Eine kleine Holzbrücke – nicht vorbeilaufen! – führt schließlich zur Kochquelle.

TIPP: Keine Fischotter gesehen? Im Tierpark Kunsterspring könnt ihr sie im klaren Wasser des Kunsterbachs beobachten.

Hin und zurück dauert die Wanderung eine gute Stunde. Prima für die Kleinsten machbar. Wer noch Power hat, geht die Kunster entlang in die andere Richtung (etwa drei Kilometer) bis zur Badestelle am Tornowsee. Platsch!

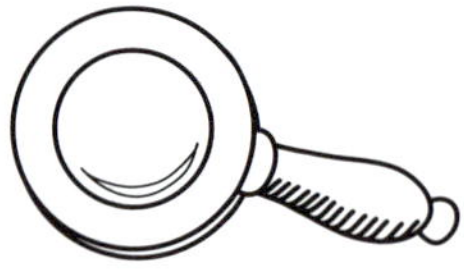

Adresse Kunsterspring, 16818 Neuruppin-Gühlen/Glienicke // **ÖPNV** Bahnhof Rheinsberger Tor, weiter mit Bus 762, 787, Haltestelle Kunsterspring // **Anfahrt** A 24, Ausfahrt Neuruppin, dann B 167, in Neuruppin Schildern Richtung Tierpark Kunsterspring folgen, Beginn des Rundwegs gegenüber dem Tierpark // ab 4 Jahren

NEURUPPIN-STENDENITZ

51_DAS WALDMUSEUM

Zu Gast bei Förster Zander

Das 1936 gebaute Blockhaus erinnert an die russischen Märchenfilme der 1970er Jahre; wie ein Hexenhäuschen sieht es aus. Keine Bange, die Hexe Baba Jaga wohnt hier nicht. Es ist das Waldmuseum Stendenitz. Der Förster Hans Zander (1887–1952) hat es gegründet. »Dein Wald«, steht in weißen Blockbuchstaben über der Eingangstür. Unter diesem Titel zeigte der Förster, ein leidenschaftlicher Sammler, seine Fundstücke aus der Natur: Baumschwämme, Hexenbesen, fehlwüchsige Geweihe und andere Schätze.

Heute gibt es im Waldmuseum zwei Ausstellungsräume. In Zanders Waldkabinett können Besucher im Schreibtisch des Försters stöbern, alten Geschichten lauschen und mit dem erworbenen Wissen einen Tresor knacken. Spannend ist die Originalaufnahme von Zanders Tochter Waldtraut: Sie erzählt über ihre Kindheit im Forsthaus. Im Erlebnisraum Naturspuren kommt man den Tieren des Waldes ganz nah. Nichts für schwache Nerven ist das Hörspiel: Auf einer Nachtwanderung begegnen Zander und Waldtraut einem schreckhaften Rehbock und einer Wildschweinrotte. Gänsehaut garantiert!

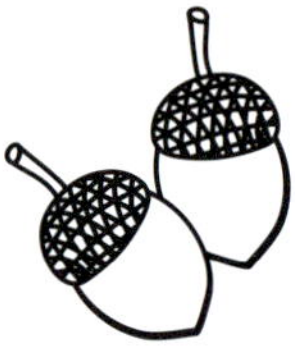

Gleich hinter dem Museum beginnt ein 2,3 Kilometer langer Walderlebnispfad. An neun Stationen fordert der Förster Waldtraut und die Wanderer auf, Aufgaben zum Wald und seinen Bewohnern zu lösen. Am Ende kann der Zauberkasten der Natur – ein Setzkasten außen am Museum – gefüllt werden. Auch das ist ein Auftrag des Försters: »Finde etwas Besonderes auf unserem Rundgang, etwas Spitzes, Rundes, Weiches, Duftendes, Raues und Leichtes.«

TIPP: Einen eigenen Wald anpflanzen oder einen Hochsitz erklimmen? Das geht in der Waldzentrale in der Friedrich-Engels-Straße 33a in Alt-Ruppin.

Adresse 16827 Neuruppin-Stendenitz (Nähe Campingplatz) // **Anfahrt** A 24, Ausfahrt Neuruppin-Süd, auf der L 16 nach Neuruppin-Süd und weiter Richtung Kunsterspring, am Abzweig Stendenitz nach rechts auf Grafendamm und weiter Richtung Waldschenke Stendenitz // **Öffnungszeiten** Mai – Okt. Mi – So 10 – 17 Uhr // ab 3 Jahren

52_DIE GRUFT DES KALEBUZ

Die rätselhafte Rittermumie

Eine, zwei, drei, vier Stufen geht es hinab. Dann stehen die Besucher in der Gruft der Wehrkirche von Kampehl. Zugegeben: Der Anblick, der einen unten erwartet, ist nichts für die ganz kleinen Kids; ältere sind jedoch fasziniert. Vor ihnen liegt Christian Friedrich von Kalebuz. Seit nunmehr 318 Jahren ruht der Ritter hier in seinem originalen Doppelsarg. Etwa 1,70 Meter groß war Kalebuz zu Lebzeiten. Ungefähr 70 Kilogramm wog er. »Jetzt bringt er wohl nur noch zehn Kilogramm auf die Waage«, erzählt die ganz in Schwarz gekleidete Mitarbeiterin der Gruft fröhlich. Sie weiß noch mehr über den Ritter zu berichten. Unter anderem, dass er im Jahr 1690 von seiner Dienstmagd des Mordes an ihrem Verlobten beschuldigt wurde. Aus Mangel an Beweisen wurde er jedoch freigesprochen. Vor Gericht soll er geschworen haben: »Wenn ich doch der Mörder bin gewesen, dann wolle Gott, soll mein Leichnam nicht verwesen.« So die schaurige Legende.

Als man viele Jahre später die Gruft abreißen und die darin vorhandenen Särge beisetzen wollte, staunte man nicht schlecht: Da lag sie, die Rittermumie, leicht zusammengefallen und mit lederner Haut. Warum, darüber rätseln die Wissenschaftler bis heute. Auch berühmte Mediziner der Charité konnten dem Geheimnis der Mumie nicht auf die Spur kommen. Und so liegt sie da noch immer und wartet auf große und kleine Gruselfans.

Adresse Kampehl 29c, 16845 Neustadt/Dosse-Kampehl, www.kalebuz.de // Anfahrt A 24, Ausfahrt Neuruppin, weiter auf B 167 in Richtung Neustadt/Dosse // Öffnungszeiten siehe Homepage // ab 10 Jahren

TIPP: Sucht die Sonnenuhren! Insgesamt drei befinden sich an den Außenwänden der Kirche. Die Sonnenuhr über der Südtür soll eine der ältesten in Deutschland sein.

53_DIE MÄRKISCHE HEIDE

Ein Meer aus rosa Blüten

Mitten in Brandenburg liegt ein Meer, ein Blütenmeer. Einmal im Jahr schwappt es über das Land: wenn die Heide blüht. Manchmal geht die Blüte schon Anfang August los, manchmal erst Mitte des Monats. Bis in den Oktober hinein ist die Farbe Lila dann allgegenwärtig. Wohin das Auge blickt: Rosa, Lila, Violett. Ein farbenprächtiges Naturschauspiel.

Die Gesamtfläche aller Heidegebiete beträgt in Brandenburg 12.407 Hektar, mehr als in jedem anderen Bundesland. Die meisten der brandenburgischen Heideflächen sind menschengemacht. Sie entstanden auf ehemaligen Truppenübungsplätzen. Panzer drängten die Bäume zurück, die Heide breitete sich aus. So auch in der Reicherskreuzer Heide. Auf kilometerlangen Wegen lässt sich das Blütenwunder sicher durchqueren. Sogar die inoffizielle Hymne des Bundeslandes beginnt mit den Zeilen »Märkische Heide, märkischer Sand«. Wer hätte das gewusst?

Verantwortlich für das spektakuläre Farbschauspiel ist die Besenheide. Sie ist die Blume des Jahres 2019. Ihre Zweige band man früher zu Besen zusammen, daher der Name. Winzige Blüten hängen in dichten Trauben am Stängel. Sie sehen aus wie kleine Glöckchen und sind bei Insekten sehr beliebt. Überall summt und brummt es. Bienen sammeln fleißig Nektar und Pollen. Heidehonig wird daraus. Unzählige Schmetterlinge flattern von Blüte zu Blüte. Die Kids kommen aus dem Staunen nicht mehr raus. Eltern knipsen tolle Fotos. Mit oder ohne Nachwuchs drauf.

TIPP: Bis zu 15 Tonnen schwere und zwei Milliarden Jahre alte Steinriesen könnt ihr im Findlingspark Henzendorf anschauen.

Adresse Am Aussichtsturm, 15898 Neuzelle-Henzendorf // **Anfahrt** A 12, Ausfahrt Frankfurt/Oder-Mitte, weiter auf B 112 bis Neuzelle und L452 zum Heideparkplatz in Henzendorf // **Öffnungszeiten** immer zugänglich // ab 5 Jahren

54_DAS SCHIFFS-HEBEWERK

Der größte Schiffsfahrstuhl Europas

Seit 90 Jahren befördert die 60 Meter hohe Stahlkonstruktion Wasserfahrzeuge sicher vom Oder-Havel-Kanal in die tiefer gelegene Oder und wieder zurück. Trotz ihres stolzen Alters hat die alte Dame, wie das Schiffshebewerk von Fans genannt wird, alle Hände oder besser den Trog voll zu tun. Etwa 10.000 Frachtschiffe, Fahrgastschiffe und Sportboote im Jahr überwinden mit ihrer Hilfe den Geländesprung von 36 Metern.

Ein bisschen stockt der Atem, wenn das Signal ertönt und sich die 4.290 Tonnen schwere Badewanne aus Stahl schwerfällig in Bewegung setzt. Und während sich der gewaltige Trog mit einer Geschwindigkeit von zwölf Zentimetern pro Sekunde nach oben bewegt, herrscht ehrfürchtiges Schweigen unter den Zuschauern. Wer mag, kann die gesamte Anlage erkunden: Ein serpentinenartiger Weg schlängelt sich an der Seite hoch, oben kann man um den Stahltrog laufen. Tolle Aussicht, aber es kribbelt leicht im Bauch. Am besten nimmt man den Schiffsfahrstuhl wieder runter. Bei einer Führung im Schleusenboot kann man sich mitschleusen lassen. Neben dem alten wurde 2022 ein neues Schiffshebewerk eröffnet: 54 Meter hoch und 133 Meter lang. Die immer größer werdenden Güterschiffe fanden im alten Trog keinen Platz. Jetzt darf die alte Dame mit TÜV bis 2025 kürzertreten. Besucher können jedoch weiter die gemächliche Gelassenheit, mit der sie täglich ihren Dienst verrichtet, bestaunen. Rauf und Runter. Tonnenschwer. Toll.

TIPP: Lust auf noch mehr Schifffahrt? In Oderberg kann man den 127 Jahre alten Elberaddampfer Riesa besichtigen.

Adresse Hebewerkstraße 52, 16248 Niederfinow, barrierefrei // **ÖPNV** Eberswalde Hauptbahnhof, weiter mit Bus 916, Haltestelle Schiffshebewerk, dann 4 Minuten Fußweg // **Anfahrt** A 11, Ausfahrt Finowfurt, den Schildern folgen // **Öffnungszeiten** Besichtigungen März–Okt. 8–20 Uhr, Nov., Dez. 9–17 Uhr // ab 3 Jahren

55_ DER WAL OKI

Ein 500-Kilo-Säuger im Schlosspark

Tobende Kinder hatte Louise Henriette von Oranien vermutlich nicht im Sinn, als sie im 17. Jahrhundert den Lustgarten anlegen ließ. Doch wo einst die Kurfürstin wandelte, dort klettern, rutschen, matschen und planschen heute Jungen und Mädchen.

Die Spiellandschaft im Schlosspark Oranienburg ist knallbunt. Inspiriert wurden die Gestalter vom Bild »Kinderspiele« des niederländischen Künstlers Pieter Bruegel dem Älteren (1525–1569). Es zeigt 91 Spiele des 16. Jahrhunderts. So ist unter anderem das Spielhaus dem gelben Haus aus dem Gemälde nachempfunden. Nicht aus dem Gemälde, trotzdem toll: Hüpfkissen, Kletterfelsen, Schaukeln und Trampoline. Das Highlight im Sommer: der Wasserspielplatz mit Matschstrecke und einem einzigartigen Wesen – einer Mischung aus Buckel- und Blauwal. Beim Anblick des 500 Kilogramm schweren Meeressäugers wäre Louise Henriette wahrscheinlich aus ihren vornehmen Latschen gekippt. OKI heißt der acht Meter lange Koloss, der seit 2018 im Park schwimmt. Aus 68 Düsen an der Fluke – so der Fachausdruck für Walschwanz – und am Kopf sprüht Wasser in die Luft. Das macht Spaß und nass ohne Ende.

Wer will, kann einen Dino im Grünen Klassenzimmer besuchen oder einen Findlingspfad erkunden, Großfeldschach, Boule oder Minigolf spielen, sich an der Slackline versuchen oder ein Buch aus der Schlosspark-Bibliothek ausleihen. Die Wiesen dürfen betreten, die Liegestühle benutzt und das Obst und Gemüse, das überall wächst, genascht werden. Was hätte Louise wohl dazu gesagt?

TIPP: In der Werkstatt im Schlossmuseum könnt ihr historische Handwerke ausprobieren, mit denen einst Kunstwerke geschaffen wurden.

Adresse Schloßplatz 1, 16515 Oranienburg, barrierefrei, www.oranienburg-erleben.de // **ÖPNV** Bahnhof Oranienburg, dann 1 Kilometer Fußweg // **Anfahrt** B 96 Richtung Oranienburg, dann rechts auf B 273 Richtung Zentrum abbiegen und weiter zum Schloss // **Öffnungszeiten** siehe Homepage // für alle Altersstufen

56_DER RUNDE FUSSBALLPLATZ

Wenn das Eckige auf dem Runden steht

Der rote Kunststoffbelag leuchtet in der Mittagssonne. Zwei Fußballtore hat der Bolzplatz in Perleberg. Sie stehen sich gegenüber. Genauso wie die beiden Basketballkörbe an den anderen Seiten. Wobei, von Seiten kann hier keine Rede sein. Denn der Sportplatz neben der Rolandschule ist kreisrund. Das ist einzigartig. In Brandenburg. Vielleicht sogar weltweit. Mit einem Durchmesser von etwa 20 Metern ist der Kicker-Käfig das Herzstück der Sport- und Spielanlage. Während die Fußballtore eine gerade Grundlinie haben, müssen sich Basketballer an geschwungene Spielfeldmarkierungen gewöhnen. »Alles kein Problem«, sagt ein Junge und passt den Ball seinem Kumpel zu. Die beiden kommen täglich nach der Schule her.

Rund und bunt ist das Konzept der gesamten Anlage. Eine Schaukelwippe mit Krakenarmen steht auf einem grünen Kreis. Daneben strahlt ein hellblauer runder Swimmingpool. Abtauchen? Fehlanzeige! Auf einer Slackline aus drei dicken Drahtseilen geht es über das vermeintliche Wasser. Eine Glockenmelodie ertönt. Nicht vom Kirchturm der St.-Jacobi-Kirche, sondern direkt vom Spielplatz. Ein Steppke hüpft auf einem Tanzglockenspiel. Ob er »Blau-weiße Hertha«, die Hymne des Hauptstadtclubs, hopsen könne? Die Rolandschule ist seit 2009 »Offizielle Partnerschule« von Hertha BSC. Er schaut ratlos. »Aber ›Kuckuck‹«, strahlt er, und schon geht's los. Linker Fuß, rechter Fuß, linker Fuß, rechter Fuß …

Adresse Beguinenwiese 5, 19348 Perleberg // ÖPNV Bahnhof Perleberg, dann 10 Minuten zu Fuß // Anfahrt Spielplatz südlich der Altstadt // Öffnungszeiten immer zugänglich, allgemeine Bolzplatzzeiten aus Rücksicht auf Anwohner einhalten // ab 3 Jahren

TIPP: Ein romantischer Elternparkplatz befindet sich gegenüber dem Bolzplatz. Dort ragt ein Steg mit Aussichtsplattform über die Stepenitz.

57_DAS APFELPARADIES

Zu Besuch bei Kaiser Wilhelm

Rotbackig hängt er da, der Kaiser Wilhelm. Irgendwo baumelt Lady Sudeley. Auch Prinz Albrecht von Preußen und der Freiherr von Berlepsch sind anwesend. Nein, wir sind nicht zu Besuch am Hof des Kaisers. Wir sind im Pomologischen Garten in Döllingen. Dort hängen die Genannten alle rum. Die Rede ist von Äpfeln. Jeder Deutsche verputzt davon durchschnittlich 21 Kilogramm im Jahr. Den Kaiser Wilhelm oder die Lady Sudeley kennen aber die wenigsten. Alte Apfelsorten wie diese sind heute selten. Dass es sie überhaupt noch gibt, verdanken wir den Streuobstwiesen. Sie erfordern viel Arbeit. Die Bäume müssen regelmäßig nachgepflanzt werden. Dadurch entsteht ein bunter Mix an Obstbäumen. Sie wirken wie hingestreut. Daher der Name: Streuobst.

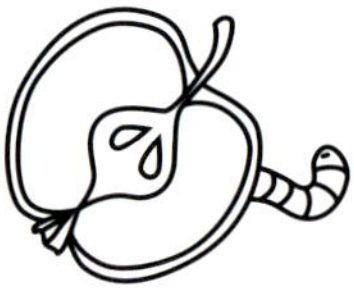

Auf dem drei Hektar großen Gelände in Döllingen wachsen mehr als 400 verschiedene Obstbäume und -sträucher, eine einzigartige Vielfalt. Neben Apfel, Kirsche und Pflaume gibt es dort außerdem das sogenannte Beiobst, also Nüsse, Pfirsiche oder Quitten. Während eines Rundgangs durch das fruchtige Schlaraffenland erfahren Besucher viel über längst vergessene Früchte, die auch probiert werden dürfen. Besonders viel Spaß machen die Namen von Apfel, Birne und Co. Unsere Top Five: rot-gelb gestreifte Schafsnase, Pommerscher Krummstiel, Krügers Dickstiel, Kuhfuß und Katzenkopf. Sehr kreativ. Gut, dass es sie noch gibt!

TIPP: Das Mitteldeutsche Marionettentheatermuseum in Bad Liebenwerda entführt in die Welt des Marionetten- und Puppenspiels.

Adresse an der Umgehungsstraße, 04928 Plessa-Döllingen, www.essbarer-naturpark.de, barrierefrei // **ÖPNV** Bahnhof Hohenleipisch, dann zu Fuß, Wanderweg ausgeschildert (2 Kilometer) // **Anfahrt** A 13, Ausfahrt Ruhland, weiter auf B 169 bis Kahla, dort nach Döllingen abbiegen, in Döllingen am Ortseingang links auf die Umgehungsstraße // **Öffnungszeiten** Mai – Okt. an Arbeitstagen 8 – 12 Uhr und nach Vereinbarung // ab 4 Jahren

58_DAS AQUARIUM

Wer schwimmt denn da in Brandenburg?

Auf dem Weg nach unten wird es merklich kühler. Das ist gewollt, denn das Aquarium im Naturkundemuseum Potsdam zeigt keine tropischen Fische, sondern heimische. Etwa 40 in Brandenburg lebende Fischarten und Krebstiere tummeln sich in den naturnah gestalteten Themenbecken. Wo lebt die Quappe? Wie sehen Stichling und Plötze aus? Im Keller geht es auf Entdeckungstour.

Die Bachforelle zieht vorüber, während sich ihr Mitbewohner zwischen den Blättern eines Astes versteckt. Seine hervorblitzenden Barteln verraten den Zwergwels. Rückzugsmöglichkeiten sind bewusst eingeplant in den 17 Aquarienbecken mit einem Wasservolumen von 150 bis 5.000 Litern. Nebenan kommt der Forellenbarsch neugierig an die Scheibe geschwommen. Museumspädagogin Larissa Goebel erklärt lächelnd: »Eigentlich guckt er nur, ob er uns fressen kann.« *Speaking of.* In den neu gestalteten Räumen könnt ihr einen Blick in die Futterküche werfen und einem Hecht ins Maul schauen. Der Raubfisch ist in der Region zu Hause, so wie Seeadler, Großtrappe, Wolf und Hase. Die heimische Artenvielfalt zeigt das Naturkundemuseum auf den drei Etagen über dem Aquarium. Fische haben sich in Millionen Jahren kaum verändert. Sie waren von Anfang an gut an ihre Umgebung angepasst. Das veranschaulicht ein 125 Millionen Jahre altes Fossil eines geschuppten Tieres. Der »Fisch-Dino« sieht der Bachforelle ähnlich. Und wie sieht die Plötze, eine der verbreitetsten Fischarten in Brandenburg, nun aus? Tipp: Sie heißt auch Rotauge.

TIPP: Lust regelmäßig abzutauchen? Der SC Potsdam bietet Schwimmkurse für Kids aller Altersstufen, »Seepferdchen-Abzeichen« kann man dort auch machen.

Adresse Breite Straße 13, 14467 Potsdam, www.naturkundemuseum-potsdam.de // **ÖPNV** Tram 91, 92, 93, 96, 98, 99, Haltestelle Alter Markt/Landtag; Tram 91, 94, 98, Haltestelle Feuerbachstraße; Bus 695, 605, Haltestelle Naturkundemuseum // **Öffnungszeiten** Di–So 9–17 Uhr, Museumsmontag jeden 1. Mo im Monat 9–17 Uhr // für alle Altersstufen

59_ DAS ATELIER

Kinderkunstaktion im Museum Barberini

»Wir machen das so: Ich bin der Kopf, ihr seid die Schlange«, erklärt Marina Castellana. Die Kunsthistorikerin leitet den zweistündigen Workshop Kinderkunstaktion. Sie führt die Jungen und Mädchen hinunter ins Untergeschoss. Dunkel? Staubig? Keineswegs. Ein helles, freundliches Atelier empfängt den kreativen Nachwuchs. Hier können die kleinen Künstler den ganz großen nacheifern: Picasso, van Gogh, Monet. Die Workshops sind auf die aktuellen Ausstellungen abgestimmt. Nach einer Einführungsrunde schlängelt sich die Gruppe die Treppe hoch in die Ausstellungsräume. An verschiedenen Stationen lernen die Kids in einem munteren Frage-und-Antwort-Spiel Leben und Werk des Künstlers kennen: van Gogh und seine Stillleben.

Treppe wieder runter. Das Atelier liegt im Untergeschoss eines klassizistisch-barocken Palastes, der zwischen 2013 und 2016 im alten Potsdamer Stadtzentrum wiederaufgebaut wurde. Wer oder was ist eigentlich Barberini? Ein Palazzo in Rom, entstanden im 17. Jahrhundert, auch ein Ort der Kunst und Vorbild für den Potsdamer Bau. Im Januar 2017 eröffnete dort das Museum Barberini. In entspannter Atmosphäre schwingen die Kids dicke Aquarellstifte über das Papier. Sie können frei gestalten. Schon bald entstehen ein pinkfarbenes Radio und Rosen in einer Vase auf den Blättern. Ein Radio? Van Gogh? »Es gibt kein Richtig oder Falsch«, betont Castellana. Am Schluss werden die Kunstwerke der Kids für den Heimtransport gerollt. Stilecht.

Adresse Alter Markt, Humboldtstraße 5–6, 14467 Potsdam, www.museum-barberini.com // ÖPNV RE 1, RB 20–23, S 7, Tram 91–93, 96, 98, 99, Bus 580, 601, 603–608, 611, 614, 619, 631, 638, 643, 650, 690, 691, 694, 695, 715, 750, Haltestelle Potsdam Hauptbahnhof // Öffnungszeiten Di geschlossen, Mo, So 10–19 Uhr, Mi–Sa 10–21 Uhr, Workshops, Führungen und Preise siehe Homepage // ab 5 Jahren

TIPP: Kreativ geht es auch auf dem Abenteuerspielplatz »Blauer Daumen« zu. Hier können Kids toben, in alten Autowracks »fahren« und in der Kinderwerkstatt bauen.

POTSDAM

60_DIE BÄCKEREI BRAUNE

Der Duft aus Kindertagen

Als kleines Mädchen stand sie in der Backstube ihrer Oma in Berlin-Friedenau. Die Oma buk Streuselkuchen, Sandtaler und Kulleraugen, die Mürbeteigplätzchen mit dem Klecks roter Marmelade in der Mitte. Es duftete herrlich nach Butter, Zucker und Zimt. Auf einer großen Marktwaage wurden die Zutaten abgemessen. Das Mehl staubte der Oma um die Ohren. Die Enkelin staunte. Heute hat sie die gleiche Waage in ihrer Wohnküche in der Stadt. Im Internet ersteigert. Doch wo war der Duft aus Kindertagen geblieben?

Eines Tages ... unverkennbar! Da war er. Ein leichter Wind trug ihr den Duft von Butter, Zucker und Zimt in die Nase. Sie folgte ihm und stand vor dem Schaufenster der Bäckerei Braune. Die schöne alte Inneneinrichtung aus den 30er Jahren wirkte gemütlich. Sie beobachtete die Verkäuferinnen in ihren kurzen weiß-gelben Kittelschürzen. Mit flinken Händen packten die Damen alles ein, was die Oma hätte gerade aus dem Ofen hervorgezaubert haben können. Da waren sie: die Leckereien von früher! Aber bevor wir jetzt in sentimentaler Verklärung versinken, hier die Fakten: »Die Oma« heißt Werner Gniosdorz und übernahm die Bäckerei im Juli 1989 von den Eltern Käte (geborene Braune) und Josef Gniosdorz. Der Betrieb ist seit 164 Jahren in Familienhand. Hier wird nach alter Handwerkstradition gebacken. Keine Fertigteiglinge. Keine Backautomaten. Keine Zusatzstoffe. Geht hin. Probiert Streuselschnecken und Plunderkranz, Bienenstich und gedeckten Apfelkuchen, Kokosmakronen und ... ach!

TIPP: Gut gestärkt geht's zum Juniorforscherclub im Naturkundemuseum. Dort wird beobachtet, gemessen, mikroskopiert ... kurz: geforscht wie bei den Großen!

Adresse Friedrich-Ebert-Straße 101, 14467 Potsdam // **ÖPNV** Tram 92, Haltestelle Brandenburger Straße // **Öffnungszeiten** Di, Mi, Fr 6.30 – 18 Uhr, Do 6.30 – 18.30 Uhr, Sa 6.30 – 14 Uhr, So, Mo, Feiertage geschlossen // für alle Altersstufen

61_DIE EISFRAU

Schlecken und zuschauen

Hinter der großen Scheibe der Eismanufaktur »Die Eisfrau« in Potsdam-Ost steht Inhaberin Andrea Lisboa und mischt Eis. Dabei darf man ihr auf die Finger gucken: im Eislabor. Mit Chemie hat das aber nichts zu tun. Im Gegenteil. Nur beste Zutaten werden für die kalte Leckerei verwendet. Milch, Zucker und Kuvertüre in zwei-Euro-großen Stücken kommen in die Eismaschine. Erst wird erhitzt. Ja, genau. Nicht alle Eissorten, aber das Schokoeis wird bei 98 Grad gekocht. Im zweiten Schritt wird gekühlt. Nach etwa 15 Minuten Frieren und Rühren ist es fertig. Das Eislabor ist nämlich der Ort, an dem das Eis hergestellt wird.

Produziert werden täglich 16 Sorten, darunter Milchreiseis mit einer Extraportion Zucker und Zimt. Eine der Spezialitäten, die es seit der Gründung 2015 gibt. Genauso wie den Special-Deal für Kids unter 1,20 Meter: eine Kugel Eis für einen Euro. Aber wo ist es denn, das tolle Eis? Unter den Deckeln der Pozzetti-Eisvitrine, gut geschützt vor Luft, braucht es keine Stabilisatoren. Transparent produzieren ist der »Eisfrau« wichtig. Deshalb ist es nur logisch, dass es eine Schauwerkstatt gibt. »Ich hatte mehr Fragen nach Zutaten und Technik erwartet«, lacht Lisboa, »aber anscheinend reicht Gucken schon aus.« Neugierige kleine Passanten bleiben stehen. Zuschauen kann man von der Straße oder vom angegliederten Eisladen aus. Ein bisschen ist es wie bei der Sendung mit der Maus: gucken, staunen, aaah! Spätestens wenn das Eis auf der Zunge zergeht ...

TIPP: Nur 300 Meter die Straße runter gibt es einen großen Supermarkt-Parkplatz. Sonntags ist dort wenig los, ideal zum Inlineskaten.

Adresse Lotte-Pulewka-Straße 22, 14473 Potsdam, www.eisfrau.com // ÖPNV Bus 694, Haltestelle Wiesenstraße/Lotte-Pulewka-Straße // Öffnungszeiten täglich 12–18 Uhr // für alle Altersstufen

62_EXTAVIUM

Experimentieren, forschen, verstehen

Mehr als 80 interaktive Ausstellungsstücke führen durch die Welt von Physik, Chemie, Mathe, Biologie und Co. Komplexe Zusammenhänge werden spielerisch erklärt. Neugierig? Prima. Im Extavium in Potsdam werden Naturwissenschaften erlebbar. Mädchen und Jungen wuseln durch den Ausstellungsraum. Sie lassen Schokoküsse platzen, bauen ein Labyrinth für echte Mäuse oder klettern auf einer Leiter nach Australien und wieder zurück. Staunen allerorts, Oohs und Aahs inklusive.

Gegründet wurde die Mitmachwelt von sieben Potsdamer Eltern im Jahr 2004. Sie wollten Kindern naturwissenschaftliche Erkenntnisse anschaulich nahebringen und begannen mit dem Bau von ersten Exponaten. Bis heute entwickeln und bauen die Extavium-Macher die meisten Ausstellungsstücke selbst. »So werden auf ganz einfache Weise Naturwissenschaften begreifbar«, sagt Anna Leetz, wissenschaftliche Leiterin. Be-greifbar ist durchaus wörtlich gemeint. Sogar den Satz des Pythagoras kann man anfassen.

Und das Beste: Die Kinder können fast alle Exponate allein ausprobieren. Eltern und Großeltern haben also Zeit, selbst zu forschen und zu staunen. Wer noch tiefer in die Materie einsteigen will, besucht einen der Experimentierkurse und stellt zum Beispiel Glibberschleim selbst her. Bevor es losgeht, gibt es eine kurze Einweisung. Und falls doch mal Fragen auftauchen, stehen Mitarbeiter mit Rat und Tat zur Seite. So macht Lernen Spaß.

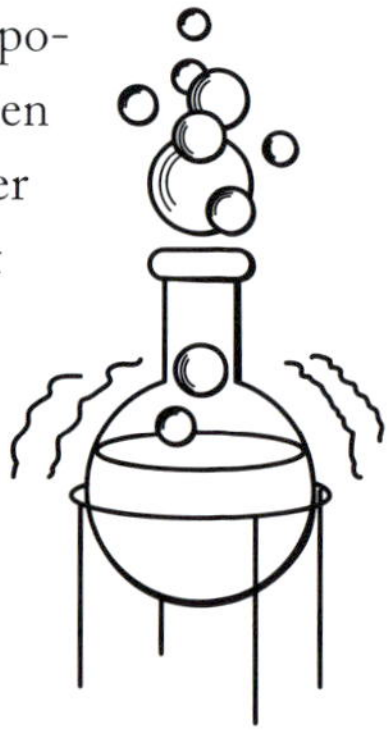

Adresse Am Kanal 57, 14467 Potsdam, www.extavium.de // ÖPNV Tram 93, 99, Haltestelle Burgstraße/Klinikum // Öffnungszeiten siehe Homepage // Mitmachausstellung ab 3 Jahren, Wichtelwelt ab 6 Monaten

TIPP: Zwei – etwas versteckte – Spielplätze gibt es im nur zehn Gehminuten entfernten Französischen Quartier. Hier kann das neu erworbene Wissen beim Spielen und Toben gefestigt werden.

63_DER FALKENHOF

Greifvögel ganz nah

»Harry Potters Hedwig hätte eigentlich Harald heißen müssen«, erklärt Falknerin Ilka Simm-Schönholz. »Ganz weiß sind nur die männlichen Schneeeulen.« Auf dem Falkenhof in Potsdam gibt es viel Wissenswertes über Greifvögel zu erfahren: Lebensraum, Arten und Jagdverhalten. Die Tiere nutzen dabei unterschiedliche Sinne, um ihre Beute zu orten. Das wird sehr anschaulich während der Flugvorführung gezeigt. Eulen, Adler und Geier gleiten über die Köpfe der Zuschauer hinweg. Auch Uhu-Dame Melodie breitet ihre Flügel aus. Elegant und nahezu lautlos. Trotzdem duckt man sich ehrfürchtig weg. 2.300 Gramm wiegt sie, fast so viel wie ein Beutel Kartoffeln. Ein Raunen geht durch die Menge. Was sie mit welchem Tier macht, entscheidet die Falknerin spontan. Die Greifvögel sind Individualisten.

In der Aufzuchtstation werden jedes Jahr etwa 15 Schreiadlerküken großgezogen. Die Vögel sind selten. Nur noch 100 Brutpaare gibt es in Deutschland, ein Viertel davon in Brandenburg. Die Mitarbeiter tragen Kostüm und Maske, damit sich die kleinen Vögel nicht an den Menschen gewöhnen. Nach acht Wochen werden die Schreiadler ausgewildert. Der Falkenhof entstand 2004 auf dem ehemaligen Gelände des Deutschen Wetterdienstes. Angefangen hat alles mit zwei Tieren: einem Uhu und einem Falken. Heute beheimatet der Falkenhof 43 Greifvögel. Beim Spaziergang über die Anlage kann man sie gut beobachten. Wer mag, lässt sich sogar ein Tier auf die Faust (natürlich mit Spezialhandschuh!) stellen.

TIPP: Erst in der Waldschule »Waldhaus Großer Ravensberg« Tiere, Natur und Fossilien erkunden (Sa, So und Feiertage 10–16.30 Uhr oder nach Anmeldung), danach etwa 20 Minuten zum Falkenhof spazieren.

Adresse Ravensberggestell 2, 14478 Potsdam, www.waldhaus-potsdam.de // **ÖPNV** Tram 93, Bus 602, 611, Haltestelle Eduard-Claudius-Straße/Heinrich-Mann-Allee // **Öffnungszeiten** Sa, So, Feiertage 10 – 16.30 Uhr, Flugvorführung 14 Uhr // ab 5 Jahren

64_DER GROTTENSAAL

Königliche Unterwasserwelt

Die Luft ist angenehm kühl, als wir den Grottensaal im Neuen Palais betreten, das Licht leicht schummrig. Ein bisschen fühlen wir uns wie in einer Unterwasserwelt. Überall funkelt und glitzert es. Meerestiere, Echsen und schlangenartige Wesen grüßen von den Wänden des 600 Quadratmeter großen Saals. Sie bestehen aus unzähligen Muscheln, Schnecken, Korallen und leuchtend bunten Steinen. Wow!

Das Wort war zur Zeit Friedrichs des Großen zwar noch nicht gebräuchlich, aber der Ausruf hätte ihn gefreut. Er ließ das Neue Palais 1763 als Zeichen seines Ruhmes bauen. Sechs Jahre dauerten die Bauarbeiten. Entstanden ist eines der größten Schlösser der Zeit. Mehr als 200 fürstlich ausgestattete Räume hat es, darunter zwei prunkvolle Festsäle. Einer davon: der Grottensaal.

Die Nachfolger Friedrichs des Großen führten die Gestaltung der Wände und Säulen fort. Sie ließen unterschiedliche Minerale, Erze, Fossilien, Gesteine und Artefakte einarbeiten. Darunter befinden sich zahlreiche Gesteinsgeschenke ausländischer Monarchen wie des russischen Zaren und des osmanischen Sultans sowie Mitbringsel von Reisen durch ganz Europa. Mehr als 24.000 Exponate sind es insgesamt. Auch zwei ausgestopfte Tierwesen sind zu sehen. An der Nordwand des Saals befindet sich eine Bartagame und an der Westwand ein ausgestopfter fliegender Fisch. Wer findet ihn?

Adresse Am Neuen Palais, 14469 Potsdam, barrierefrei // **ÖPNV** Bus 605, 606, 695, Haltestelle Neues Palais, RE 1, RB 20, RB 21, Bahnhof Park Sanssouci, dann 10 Minuten Fußweg // **Öffnungszeiten** April–Okt. Mo, Mi–So 10–17.30 Uhr, Nov.–März 10–16.30 Uhr, Di geschlossen // ab 6 Jahren

TIPP: Direkt hinter dem Neuen Palais gibt es einen breiten Weg aus Beton. Kids haben hier genügend Platz zum Toben, Fahrradfahren und Rollern.

65_DAS HAUS NUMMER 1

Im siebten Eierkuchenhimmel

Ein russisches Sprichwort sagt: »Nicht die Wände schmücken ein Haus, sondern die Piroggen.« In der Russischen Teestube in der Alexandrowka schmücken Pelmeni und Bliny die Speisekarte. Dazu warmer Milchreis und Eierkuchen mit Heidelbeerkonfitüre, Schokostreuseln und Sahne. Verführerisch süß, auf einem Teller mit entzückendem Folkloremotiv drapiert, bereit, verschlungen zu werden. Diese Leckereien und weitere Spezialtäten werden im Herzen der russischen Kolonie serviert. Im Haus Nummer 1.

Die russische Kolonie mit ihren 13 ein- und zweigeschossigen Blockhäusern entstand von 1826 bis 1827. König Friedrich Wilhelm III. ließ sie im Gedenken an seinen 1825 verstorbenen Freund Zar Alexander I. errichten. In den Blockhäusern lebten russische Sänger. Der Dorfvorsteher, ein preußischer Feldwebel, bewohnte das zentral gelegene Haus Nummer 1. Die prachtvollen Bauten sind keine massiven Holzhäuser, sondern Fachwerk mit Holzverkleidung. Kurios: Die Balkongeländer sind nur kniehoch, und beim Betreten des oberen Balkons würde sich ein Erwachsener ordentlich den Kopf stoßen. Alles Fake. Eine Illusion.

Im Haus Nummer 1 sind Tradition und Speisen ganz real. Im Sommergarten sitzt man gemütlich an Holztischen und blickt auf die Stirnseite des Gartenhauses. Die sieht aus wie ein vollgestopftes Puppenhaus: Küchengeräte neben Kohlköpfen und Balalaika. Obendrauf thront ein riesiger Samowar. Es gibt viel zu entdecken. Dann werden die Eierkuchen aufgetischt. Da freut sich nicht nur die russische Seele.

Adresse Alexandrowka 1, Russische Kolonie 1, 14469 Potsdam // ÖPNV Tram 92, 96, Haltestelle Puschkinallee // Öffnungszeiten Di–So 12–21 Uhr, Küchenschluss 20 Uhr, Mo Ruhetag // ab 3 Jahren

TIPP: Entspannen und probieren: Zum Apfelfest im September öffnen die alten wunderschönen Obstgärten der Alexandrowka für Besucher.

66_DIE KARNIVOREN-KABINE

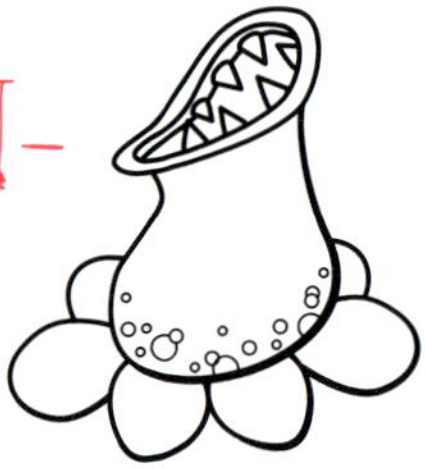

Achtung, (gar nicht) bissig!

Der Botanische Garten Potsdam ist immer einen Besuch wert. Mitten im Park Sanssouci liegt das 8,5 Hektar große Gelände, direkt neben dem Orangerieschloss. In zehn Gewächshäusern sowie im Freiland wachsen rund 10.000 Pflanzenarten, darunter Kakaobaum, Kaffee und Colanuss, Kokospalme und Zuckerrohr. Klingt verlockend. Wer aber mit Kindern hier ist, kommt an der Karnivorenkabine im Blattvariantenhaus nicht vorbei.

»Für die meisten Kinder müssen fleischfressende Pflanzen Zähne und andere Dinge haben, aber das ist Quatsch«, sagt Gartenpädagoge Steffen Ramm. Karnivoren, wie die Pflanzen in der Fachsprache heißen, ernähren sich vor allem von Insekten. Daher auch ihr Zweitname: Insektivoren. Nur die Venusfalle und die Wasserfalle machen »Schnapp!«. Der Rest hat andere Tricks auf Lager. Sonnentau und Fettkraut halten ihre Beute zum Beispiel mit einem klebrigen Sekret fest. Und bei Kannen- und Schlauchpflanzen sind die Blätter zu Fallen geformt. Besonders lustig finden wir die *Nepenthes lowii*, auch Toilettenpflanze genannt. Sie ernährt sich neben Insekten von den Exkrementen des Streifenhörnchens, das sich auf die Pflanze wie auf eine Toilette setzt und sein Geschäft darauf verrichtet.

Mehr über fleischfressende Pflanzen können Kinder ab sechs Jahren in dem Workshop »Was schmatzt denn da?« erfahren. Höhepunkt der Führung: die Pflanzenfütterung. Besonders Mutige dürfen auch mal einen Finger in das Maul einer fleischfressenden Pflanze stecken. Na, wer traut sich?

TIPP: Das Chinesische Teehaus im Park Sanssouci ist ein echter Hingucker. Wie viele Papageien und Affen zählt ihr?

Adresse Maulbeerallee 2, 14469 Potsdam, barrierefrei // ÖPNV Bus 695, Haltestelle Orangerie // Öffnungszeiten Gewächshäuser: April – Sept. täglich 9.30 – 17 Uhr, Okt – März täglich 9.30 – 16 Uhr, Freiland: ganzjährig 8 Uhr bis Sonnenuntergang // ab 6 Jahren

67_DIE KASTANIENALLEE

Aesculus hippocastanum, mein Freund!

Mit Vollkaracho rennt das Kind durch die Allee. Die Blätter wirbeln auf. Schon hat es 20 Meter Vorsprung. Dann flitzt es zurück. »Und tschüss!«, ruft es freudig und ist wieder weg. So geht das eine Weile. Ein Spaziergang durch die Kastanienallee im südöstlichen Teil des Parks Sanssouci ist zu jeder Jahreszeit ein Erlebnis. Besonders viel Spaß macht es aber zwischen September und November, wenn die Blätter bunt leuchten. Dann heißt es: durch das Herbstlaub hüpfen und auf der langen Allee Kastanien sammeln.

Die Gewöhnliche Rosskastanie *(Aesculus hippocastanum)* gehört zur Familie der Seifenbaumgewächse. In Europa ist sie als Park-und Alleebaum sehr verbreitet. Biologisch gesehen sind Edelkastanien und Rosskastanien nicht verwandt. Die Früchte sehen ähnlich aus, jedoch sind die der Rosskastanien nicht essbar. Dafür kann man tolle Sachen daraus basteln.

Die 158 stattlichen Kastanienbäume wurden zwischen 1966 und 1968 gepflanzt und waren damals etwa acht bis zehn Jahre alt. Tonnenweise Früchte tragen sie im Herbst. Holla die Waldfee! Der Großteil der Kastanien wird leider zertreten oder durch Fahrradfahrer zerfahren. Umso besser, wenn sich kleine Hamster ordentlich die Taschen vollstopfen und zu Hause aus ihrer Beute die schönsten Kastanienmännchen basteln. Tipp: Wie wär's mit einem Kastaniendrachen? Der sitzt dann in der dunklen Jahreszeit auf dem Nachttisch und faucht böse Träume fort.

TIPP: Hinter der Kastanienallee liegt der Marlygarten, 1715 als königlicher Küchengarten angelegt, ein ruhiger Teil des Parks Sanssouci ohne Touristentrubel.

Adresse Am Grünen Gitter, Park Sanssouci, 14469 Potsdam // ÖPNV Tram 91, 94, 98, Bus 605, 606, 610, 631, X5, Haltestelle Luisenplatz-Süd/ Park Sanssouci // Öffnungszeiten täglich 6 – 20.30 Uhr // ab 2 Jahren

68_DIE KÖNIGINNEN-KRONEN

Funkel-Klunker für Luise, Augusta und Victoria

»Alle Welt spricht immer über die Könige und Kaiser, aber nie über die Frauen neben und hinter diesen Männern, die Kinder kriegen und die wahren Könige sind.« So erklärt »Blumenfee« Ele ihre Motivation, die preußischen Prinzessinnen und Königinnen zu ehren. Mehr als zwei Jahre spukte das Projekt in ihrem Kopf. Dann war klar: Drei prächtige Kronen sollten es sein. Die Baugenehmigung für die Wand des Tiefgaragenzugangs am Luisenplatz bekam sie schnell. Denn Ele ist keine Unbekannte hier. Seit vielen Jahren verwandelt die gebürtige Costa Ricanerin mit den grauen Rastazöpfen den Platz in eine bunte Blumenoase. Mit großem Engagement und aus eigenen Mitteln.

Im Crashkurs lernte Ele vergolden. Dann kamen Glassteinchen, kiloweise Glasbruch in den Farben Rot, Grün, Blau und Weiß. Die Scherben in unterschiedlichsten Größen wurden in Handarbeit in den feuchten Putz gesetzt. Etwa sechs Quadratmeter ist das ganze Kunstwerk groß. Viele Arbeitsstunden stecken darin. Jetzt funkeln die Königinnen-Kronen im Sonnenlicht. Gewidmet sind sie drei besonderen Frauen und Müttern: Luise von Mecklenburg-Strelitz (1776–1810), bekannt als Königin Luise von Preußen, ihrer Schwiegertochter Augusta von Sachsen-Weimar-Eisenach (1811–1890) und deren Schwiegertochter Victoria von Großbritannien und Irland (1840–1901). Insgesamt bekamen die drei Frauen 20 Kinder.

Adresse Luisenplatz, 14471 Potsdam // **ÖPNV** Tram 91, 94, 98, Bus 605, 606, 610, 631, X5, Haltestelle Luisenplatz-Süd/Park Sanssouci // **Öffnungszeiten** jederzeit // ab 4 Jahren

TIPP: Eine Krone auf dem neuen Lieblings-Frühstücksteller? Porzellan selbst bemalen kann man bei Paint Your Style in der Friedrich-Ebert-Straße 51.

69_MAXIS KINOABENTEUER

Kurzfilme für die Kurzen

Eine Schneeballschlacht im Kinosaal? Das Traditionskino Thalia in Babelsberg geht mit Maxis Kinoabenteuer neue Wege: Einmal im Quartal gibt es eine Kindervorstellung mit Kurzfilmen und Mitmachspaß passend zur Jahreszeit. Und so flogen bei der Premiere im Winter 2019 geknülltes Krepppapier und Deko-Flauschkugeln durch den Saal. Bei allem Quatsch geht es aber um das Erlebnis Kino. In 60 Minuten schauen die Kids mehrere kleine Filme und lernen etwas über Geschichte und Technik des Kinos. Sie erkunden beim Tontest die Soundanlage. Aus welcher Box kommt der Ton? Oder sie werfen im Vorführraum einen Blick hinter die Kulissen. Während der Filme wird das Saallicht heruntergefahren. Die Kleinen verfolgen gebannt die Filme, die bewusst ohne Sprache auskommen. Präsentiert wird die bunte Mischung von Maxi, dem Fuchshörnchen. Das Konzept entstand in Zusammenarbeit mit der ProArthaus-Gruppe. Wer drei von vier Veranstaltungen im Jahr besucht, erhält ein Experten-Diplom.

Das Thalia Kino blickt auf eine mehr als 100-jährige Geschichte zurück. In vier Sälen finden insgesamt 709 Zuschauer Platz. Für die Jüngsten gibt es ein großes Angebot: Spatzenkino, Kinderferienkino und einen Kinderfilm pro Woche. Dazu seit 2015 Kinderwagenkino: Immer ein Mal im Monat bleibt das Licht im großen Saal leicht schummrig, und der Ton wird heruntergefahren. Kinder machen etwa ein Fünftel der jährlichen Besucher aus. Jetzt ist Maxi am Start – und nimmt sie mit ins große Kinoabenteuer.

TIPP: Durch Babelsberg schlendern und für einen After-Kino-Kaffee im Café Lukas einkehren. Heiße Schokolade und hausgemachte Limo gibt es auch.

Adresse Rudolf-Breitscheid-Straße 50, 14482 Potsdam, www.thalia-potsdam.de // **ÖPNV** S 7, Haltestelle Babelsberg; Tram 94, 99, Haltestelle Wattstraße; Bus 601, Haltestelle Horstweg/Großbeerenstraße; Bus 690, 693, 694, Haltestelle Rathaus Babelsberg // **Öffnungszeiten** Programm siehe Homepage // ab 4 Jahren

70_ DAS NOMADENLAND

Abenteuer im kirgisischen Jurtendorf

Auf geht's nach Kirgisistan! Nach Asien fliegen müsst ihr für diese Reise nicht. Den Zauber des Nomadendaseins und das Leben in Jurten könnt ihr im Volkspark Potsdam erfahren. Hier liegt das Nomadenland. Mitten im Grünen hat Matthias Michel drei kirgisische Rundzelte aufgebaut. Das größte von ihnen ist 63 Quadratmeter groß, hat einen Durchmesser von neun Metern und ist 4,70 Meter hoch. Durch eine mit Schnitzereien verzierte Holztür betritt man die Jurte. Drinnen fühlt man sich wie in einer anderen Welt.

Seit Jahrtausenden leben die Nomaden Zentralasiens in Jurten. Sie bestehen aus einem Holzgerüst, das mit Decken aus Schaf- oder Yakfilz überzogen wird. Um Wasser abzuweisen, hat Matthias Michel darüber noch Segeltuch gespannt. »Das hält auch Vögel davon ab, mit dem Filz ihre Nester zu bauen«, erzählt er. Im Winter sorgt ein Holzofen für Wärme, im Sommer kann das Dach geöffnet werden.

Jedes Wochenende ist Märchenstunde. Außerdem kann man sich auf der Slackline versuchen. Hoch hinaus geht's bei den Kletterevents. In einer alten Eiche geht es bis zu zwölf Meter hoch. Am Stamm angebrachte Steighilfen erleichtern den Aufstieg. Ein Wipfelkreuz aus Skistöcken und eine Glocke markieren den höchsten Punkt. Wenn der Baum belaubt ist, schwankt er im Wind. Wie auf einem Riesenrad fühlt man sich. Wer schafft es bis ganz nach oben und läutet die Glocke?

Adresse Georg-Hermann-Allee, 14469 Potsdam, www.nomadenland.de // ÖPNV Tram 96, Haltestelle Rote Kaserne; Bus 604, 609, 638, 639, 697, Haltestelle Am Golfplatz, Schildern zum Remisenpark folgen // Öffnungszeiten Sa, So 13–18 Uhr und nach Vereinbarung unter Tel. 0176/30005151 // für alle Altersstufen

TIPP: Noch mehr Kletteraction gibt's ein paar Meter weiter auf dem ZickZack-Spielplatz.

71_DER PEGELSTANDS-ANZEIGER

Havel hoch, höher, am höchsten

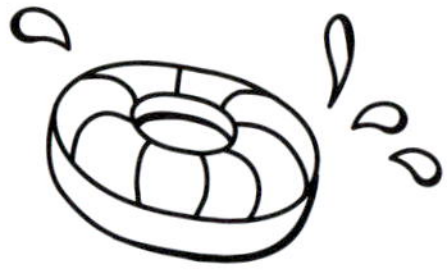

Ein bisschen sieht er aus wie ein bunter Roboter mit Kopf, Armen und Beinen. Auf seiner Brust trägt er einen geheimnisvollen Code: PN 28,416 m ü. NHN. Ein Außerirdischer? Das ovale Schild mit der merkwürdigen Buchstaben- und Zahlenkombination lässt sich schnell entschlüsseln. PN steht für Pegelnull, und die Zahl 28,416 ist eine Höhenangabe, nämlich Meter (m) über (ü) Normalhöhennull (NHN), früher Normalnull, die Angabe der Höhe über dem Meeresspiegel. Es ist ein Wasserpegelanzeiger der Wasser- und Schifffahrtsverwaltung Brandenburg. Seit mehr als 200 Jahren wird der Pegelstand der Havel an der Langen Brücke gemessen. Nur knapp fünf Monate nach Beginn der Beobachtungen erreichte der Fluss am 26.03.1831 den höchsten dort gemessenen Wert: 251 Zentimeter. Der normale Pegelstand beträgt weniger als die Hälfte. Der Blick fällt auf die dahinter gelegene Freundschaftsinsel. Leicht lässt sich abschätzen, dass in jenen Märztagen nicht mehr viel von der Insel zu sehen war. Land unter.

Die Lange Brücke ist übrigens der älteste bekannte innerstädtische Havelübergang. Bereits 1317 wurde eine erste Brücke erwähnt. Die heutige Konstruktion ist eine Spannbeton-Balkenbrücke, entstanden in den Jahren 1958 bis 1961, ergänzt 2008 durch eine Parallelbrücke. Die imposante Überführung geht über beide Havelarme und bietet Platz für Straßenbahn, Bus, Autos, Fahrräder und Fußgänger. Irgendwie muss man ja rüber, über das Wasser – egal, wie hoch es steht.

Adresse Otto-Braun-Platz, Lange Brücke 1, 14473 Potsdam // ÖPNV Tram 91, 92, 93, 96, 98, 99, Bus 694, Haltestelle Lange Brücke // Öffnungszeiten jederzeit // ab 5 Jahren

TIPP: Auf der anderen Straßenseite liegen die Schiffe der Weißen Flotte Potsdam. Die Schlösserrundfahrt dauert 90 Minuten. Ahoi!

72_DIE PUSTEBLUMENWIESE

Kleine Fallschirme im Wind

Bevor wir uns auf gepflegten Wegen dem Staudengarten, dem Kräutergarten und anderen großzügig angelegten Beeten auf der Freundschaftsinsel widmen, huldigen wir der schnöden Butterblume, auch Löwenzahn oder Pusteblume genannt. Sie hat es verdient – und sprießt zahlreich auf der großen Wiese direkt an der Langen Brücke. Der Gewöhnliche Löwenzahn ist eine eher anspruchslose Pflanze, er wächst sogar in Asphaltritzen und in den Kanten verwilderter Treppen. Vor allem ist es aber herrlich, mit dicken Backen und voller Kraft möglichst viele der kleinen Fallschirme auf einmal loszupusten und ihnen glücklich hinterherzuschauen.

Eine Pusteblume ist nichts anderes als eine reife Löwenzahnpflanze. Nachdem die Blume sonnengelb blühte, schließt sie sich. Im Inneren bilden sich die Samenkörner. Dann öffnet sie sich wieder und tadaa: Eine Kugel aus etwa 300 Samen ist entstanden. Jedes Samenkorn trägt einen eigenen kleinen Fallschirm, der es weit über die Wiese befördert und langsam zu Boden sinken lässt. Faszinierend. So faszinierend, dass sich sogar Fluidmechaniker und Aerodynamikforscher mit den Flugeigenschaften der Pusteblumensamen beschäftigen. Ein Forscherteam aus Edinburgh stellte fest: Der Schirm des Löwenzahns ist zu 90 Prozent offen, funktioniert aber viermal effektiver als ein geschlossener. Es entsteht ein gleichbleibender Wirbel oberhalb des Schirmchens, der dafür sorgt, dass die Minifallschirme nie ins Taumeln geraten. Ja, die Natur ist schon pfiffig.

Adresse Lange Brücke, 14473 Potsdam // ÖPNV Tram 91, 92, 93, 96, 98, 99, Bus 694, Haltestelle Lange Brücke // Öffnungszeiten jederzeit // ab 2 Jahren

TIPP: Tretboot fahren mitten in der City: Lustig bunte Boote von Flamingo bis Porsche vermietet die Firma Moisl auf der Freundschaftsinsel. Saison beachten.

73_DIE REGENBOGENRUTSCHE

Kunterbunter Badespaß

Plitsch. Platsch. Die kleinen Füße tapsen über den Fußboden. Nass sind sie und ziemlich schnell. »Langsam«, mahnt Papa. Der Knirps klettert die Leiter hinauf und rutscht mit einem Jauchzer über den Regenbogen in das Wasserbecken. Noch mal. Die berühmten Lieblingswörter aller Kindergartenkinder: Noch mal. Noch mehr. Die Regenbogenrutsche im Sport- und Freizeitbad blu in Potsdam ist ein riesiger Spaß für alle Wasserratten und für die, die es werden wollen. Sie ist das ideale Einsteigermodell in die wilde Welt der Wasserrutschen. Auf der breiten gewellten Rutschebene können die Kids auch gleichzeitig und nebeneinander hinuntersausen.

Seit 2017 gibt es das Badeparadies gleich am Hauptbahnhof. Im Familienbereich im Erdgeschoss lassen kleine Kapitäne im Schiffchenkanal Boote schwimmen oder vergnügen sich im Planschbecken. Die älteren Kids zeigen ihr Können an der Kletterwand oder steigen ganz cool in die 114 Meter lange Hightech-Rutsche. Die knallgelbe Röhre schlängelt sich in Bögen und Kreisen außerhalb des Gebäudes entlang. Unterwasserwelt, Thriller mit Skelettarmeen oder Disco? Rutschprogramm auswählen und abtauchen. Ach, und so richtig schwimmen, also sportlich Bahnen ziehen, das geht im blu natürlich auch: im 50-Meter-Becken. Erschöpft und glücklich sitzt der kleine Junge schließlich in der Umkleidekabine. Gleich geht's nach Hause. Die Augen sind leicht gerötet, aber sie strahlen: »Papa, können wir morgen noch mal?«

Adresse Brauhausberg 1, 14473 Potsdam, www.swp-potsdam.de, barrierefrei // ÖPNV RE 1, RB 20–23, S 7, Tram 91–93, 96, 98, 99, Bus 580, 601, 603–608, 611, 614, 619, 631, 638, 643, 650, 690, 691, 694, 695, 715, 750, Haltestelle Potsdam Hauptbahnhof // Öffnungszeiten täglich, siehe Homepage // ab 2 Jahren

TIPP: Abtauchen in die größten Leseabenteuer könnt ihr mit eurem Nachwuchs in der Kinderwelt der Stadt- und Landesbibliothek Am Kanal 57.

74_ DAS SCHMETTERLINGSHAUS

Flatternde Vielfalt hautnah

24 Grad Celsius Lufttemperatur, Wasserfall und Vogelgezwitscher. Bananenstauden, Bambus und Palmen. In der Biosphäre Potsdam ist auf 5.000 Quadratmetern ein üppiger Regenwald gewachsen. Mehr als 20.000 Pflanzen gedeihen in der ehemaligen Blumenhalle der Bundesgartenschau. Dazu tummeln sich Weißbüscheläffchen, Leguane und jede Menge Insekten: Dschungelatmosphäre pur.

Auf verschlungenen Pfaden schlagen wir uns durch den dicht gewachsenen Regenwald. Vorbei an Bäumen, die bis zur Decke ragen. Und die ist immerhin 14 Meter hoch! Unser Ziel: das 60 Quadratmeter große begehbare Schmetterlingshaus.

Durch eine Schleuse betreten wir das bunte Treiben. Ungefähr 20 verschiedene Arten leben hier. Atlasfalter, Mormone, Mondspinner: Irgendwer fliegt immer umher. Anfassen darf man die filigranen Wesen nicht. Doch als ich ganz ruhig stehe, setzt sich ein Schmetterling auf meinen Arm. Leuchtend blau. Ein Himmelsfalter. Das passiert häufiger. Die Tiere mögen Salz. Und bunte T-Shirts. »Die Farben lassen sie denken, es könnten schmackhafte Blüten sein«, sagt Mitarbeiterin Hanna Ehlers. Und nun? »Am besten nicht bewegen und den Augenblick genießen.«

Zum Abschluss fliegen wir mit Fürst Pücklers Luftschiff über den Dschungel. Eine freundliche Flugbegleiterin zeigt uns den Notausgang. »Falls Ihnen übel wird.« Sechs Minuten dauert die Fahrt. Ich verlasse das Luftschiff auf leicht schwankenden Beinen und freue mich, wieder festen Boden unter den Füßen zu haben. Meine Begleitung lacht.

TIPP: »Wasser marsch« heißt es auf dem Wasserspielplatz im Volkspark, mit Leuchtturm, Fischerhaus und vielen Klettermöglichkeiten.

Adresse Biosphäre Potsdam, Georg-Hermann-Allee 99, 14469 Potsdam, barrierefrei // **ÖPNV** Tram 96, Haltestelle Volkspark // **Öffnungszeiten** Mo–Fr 9–18 Uhr, Sa, So 10–19 Uhr // ab 3 Jahren

75_DIE SPIELUHR

Gleich geht's los: Glöckchenklang für alle

Da! Wir haben sie gefunden. Nach einem Spaziergang durch das Holländische Viertel erwartet uns am Ende der Brandenburger Straße ein kleines feines Hörerlebnis. Viertelstündlich schlägt das Porzellan-Glockenspiel der Potsdamer Spieluhr an. Zu jeder vollen Stunde erklingt eine ganze Strophe des Frühlingslieds, geschrieben von Johannes R. Becher und komponiert von Hanns Eisler. Eine dicke goldfarbene Kugel thront in der Mitte und zeigt die Zeit an.

Während wir lauschen, fällt unser Blick auf ein prächtiges Bauwerk: das Brandenburger Tor. Jawoll, das gibt es auch hier, in Potsdam am Luisenplatz. Es ist kleiner als das weltberühmte Wahrzeichen Berlins und 18 Jahre älter. Es wurde zwischen 1770 und 1771 im Auftrag Friedrichs II. gebaut und ähnelt einem römischen Triumphbogen. Aber zurück zur Spieluhr. Über dem Glockenspiel ist eine goldfarbene Banderole angebracht, die Potsdams Architekturschätze zeigt. Hier können die Großen ihr Wissen unter Beweis stellen: Wer erkennt das Nauener Tor? Wer sieht die St.-Nikolai-Kirche? Unterhalb der Kugel zeigt das Dodekagon verschiedene Wissenschaften und Gewerke. Äh, Dode … was? Das Zwölfeck. Auf perfekter Kinderaugenhöhe ist an jeder Seite eine ovale Metallplakette eingelassen. Jetzt sind die Kleinen dran. Wer findet die Abbildung der Havelfischerei? Frauen, die Fische aus Holzbottichen verkaufen? Welches Symbol steht für die Astronomie? Wer entdeckt den (möglicherweise sprechenden) Hut? Harry-Potter-Fans vor!

TIPP: Keine Zauberei: Wie Fruchtgummis entstehen, erfahrt ihr in der Gläsernen Bonbonfabrik im Katjes Werksverkauf in der Wetzlarer Straße 96–106.

Adresse Brandenburger Straße 3, 14467 Potsdam // ÖPNV Tram 91, 94 und 98, Bus 605, 606, 610, 631, X5, Haltestelle Luisenplatz-Süd/Park Sanssouci // Öffnungszeiten jederzeit // ab 4 Jahren

76_DAS WASSERTAXI

Ein bisschen New York auf der Havel

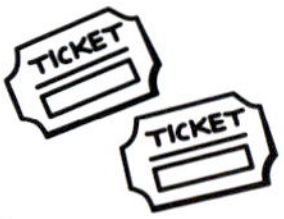

Quietschgelb leuchtet das Fahrgastschiff, das die Haltestelle ansteuert. An der Seite hat es ein Karomuster wie die berühmten New Yorker Yellow Cabs. Es ist das Wassertaxi 3: mehr als 30 Meter lang, stolze 226 PS. An Bord passen 60 Passagiere. Eigentlich ist es kein Taxi, sondern ein Bus auf dem Wasser. Nach einem festen Fahrplan steuern die Schiffe insgesamt 13 Stationen auf der Havel an. Auf einer Länge von knapp zehn Kilometern durchfließt sie die Landeshauptstadt Potsdam. Das sollte man doch nutzen, um von A nach B zu kommen? Genau. Seit 2007 gibt es die Wassertaxis, die Kurs nehmen auf beliebte Ziele der Innenstadt. Die Fahrzeit beträgt zwischen vier und 13 Minuten. Man kann an jeder Station ein- und aussteigen, mehrere Stationen fahren oder nur eine. Danach richtet sich der Preis. Besonders toll: Kinder unter sechs Jahren fahren umsonst.

Die Station 7 Potsdam Hauptbahnhof liegt zentral auf der Route. Nach Süden ist die nächste Station die Havelstädtische Bucht/Sanssouci. Richtung Norden erreicht man nach zwei Stationen und etwa 20 Minuten Fahrzeit die Station Schloss und Park Babelsberg. An der New Yorker Freiheitsstatue fährt man natürlich nicht vorbei, aber am 84 Meter hohen Turm der Residenz Heilig-Geist-Park. Mit seiner spektakulären Stahlspitze ist er das höchste Bauwerk Potsdams. Einst stand die Heilig-Geist-Kirche dort. Sightseeing vom Wasser aus. Toll. Lasst euch den frischen Havelwind um die Nase wehen.

Adresse Station 7 Potsdam Hauptbahnhof, Lange Brücke, 14473 Potsdam // ÖPNV RE 1, RB 20–23, Tram 91–93, 96, 98, 99, S 7, Bus 580, 601, 603–608, 611, 614, 619, 631, 638, 643, 650, 690, 691, 694, 695, 715, 750, Haltestelle Potsdam Hauptbahnhof // Öffnungszeiten Fahrplan unter www.potsdamer-wassertaxi.de // für alle Altersstufen

TIPP: Frisbee mal anders: Der Disc-Golf-Parcours Potsdam im Volkspark liegt etwa 1,5 Kilometer von der Anlegestelle Cecilienhof entfernt. Die Tram 96 hält dort auch.

77_DIE ZAHNLÜCKE

Sachen suchen in Sanssouci

Was ist in Potsdam Pflichtprogramm? Klar, Sanssouci. Mit den Kids den Park und das Schloss entdecken, das Friedrich II. von 1745 bis 1747 errichten ließ. Ihr müsst dafür nicht zwingend reingehen, sondern einfach auf die Südseite mit dem berühmten Schriftzug »SANS, SOUCI«. Hier grinsen paarweise angeordnete Hermenpilaster auf die Besucher herab: 36 Bacchantinnen und Bacchanten, Begleiter des Weingotts Dionysos, die scheinbar die schwere Last des Daches tragen. »Mein Weinberghäuschen« nannte der Alte Fritz den prachtvollen Bau. Häuschen. Schon klar. Es thront auf der oberen der sechs breiten Weinbergterrassen. Weinpflanzen ranken an Spalieren empor und wechseln sich mit verglasten Nischen ab. In den 168 Mini-Gewächshäusern gedeihen heute Feigen.

Das Thema Wein ist allgegenwärtig. Manche der Figuren sehen beschwipst aus. Okay, kein Kinderthema, aber ... jetzt beginnt der Spaß. Wer die Figuren aufmerksam studiert, findet viele tolle Details. »Mama, guck mal, der hat 'ne Zahnlücke«, ruft das Kind, und tatsächlich: Die Figur direkt unterhalb des Namens Sanssouci lacht uns »mit ohne« Zahn entgegen. Immer wieder verblüffend, was Kinder alles sehen. Also dürfen die Suchaufgaben ruhig etwas kniffeliger sein. Gemeinsam entdecken wir die unterschiedlichen Gestalten und ihre Attribute: eine Panflöte, Theatermasken, Ziegen, Schlangen, Weinreben. Habt ihr den gehörnten Ziegenkopf entdeckt? Tipp für Eltern: Er sitzt oben auf dem Dach.

TIPP: In der Historischen Mühle von Sanssouci wird noch heute gemahlen und das leckere Windmühlenbrot gebacken. Regional und bio.

Adresse Maulbeerallee, 14469 Potsdam // **ÖPNV** Bus 614, 650, 695, 697, X15, Haltestelle Schloss Sanssouci // **Öffnungszeiten** Park: täglich 6–20.30 Uhr, Schloss: April–Okt. Di–So 10–17.30 Uhr, Nov.–März Di–So 10–16.30 Uhr, Führungen und Preise unter www.spsg.de // ab 5 Jahren

78_DER GESPENSTERTURM

Spuk im Bergfried

Mancherlei Gruselgeschichten werden über Burgen erzählt. So auch über die Burg Rabenstein. Hier soll Nacht für Nacht der Geist der traurigen Ritterstochter Rosalie durch die Gänge wandeln.

Gebaut wurde die Burg Anfang des 12. Jahrhunderts. Sie thront – wie es sich für eine Ritterburg gehört – auf einem Felssporn. Steiler Hagen wird die Erhöhung genannt. Zu Recht. 153 Meter ist er hoch – im flachen Brandenburg ein buchstäblicher Höhepunkt. Der Aufstieg gleicht einer Klettertour mitten in der Mark. Oben angekommen, ist alles da, was das Ritterherz begehrt: Torhaus, Burgvorhof mit Brunnen, Wohn- und Stallgebäude und natürlich der Bergfried, der imposante Hauptturm der Burg. Unglaubliche 3,70 Meter dick sind die Wände am Fuße des Turms, oben messen sie noch starke zwei Meter. Eine steile Treppe führt im Inneren des 30 Meter hohen Turms empor. Dorthin wurde Rosalie von ihrem Vater auf ewig verbannt. Zur Strafe, weil sie sich nachts ins Dorf geschlichen hatte. Erlöst werden kann sie nur von einem Burschen, der ohne Hilfsmittel die Außenmauer des Turms erklimmt. Das hat bisher niemand geschafft. Und so spukt Rosalies Geist noch heute hier herum. Vielleicht begegnet ihr ihm ja auf einer Führung durch die Burg mit Rittersaal, Folterkammer und – na klar – Ritterrüstung. Und wer wissen will, wie ein Ritter aufs Klo ging: Die Antwort gibt es auf der Nordseite der Burg. Kopf in den Nacken und Mund zu: Dort oben thront der Aborterker. Sieht irgendwie unbequem aus.

Adresse Zur Burg 49, 14823 Rabenstein/Fläming-Raben, www.burgrabenstein.de // Öffnungszeiten siehe Homepage // ab 5 Jahren

TIPP: Der Kindererlebnisweg Dippmannsdorf hat genau die richtige Länge für kleine Wanderer: 3,2 Kilometer. Abkühlung gibt's anschließend im wunderschönen Naturbad Dippmannsdorf.

79_DIE SPIELSCHLANGE

Drüber, drunter, durch

Die fünf übergroßen Bögen wölben sich auf dem Märkischen Platz und werfen lange Schatten. Es hat den Anschein, als grübe sich ein riesiger Wurm durch den Asphalt. Klingt nach Star Wars? Ist aber die Spielschlange Wanda, die sich vor dem Einkaufszentrum in Rathenow auf und ab windet. Seit fünf Jahren lädt sie kleine Abenteurer zum Durchkriechen, Balancieren und Herumflitzen ein. Meterlang und kunterbunt. Na ja, bunt war sie irgendwann nicht mehr. Wind und Wetter hatten den ersten Anstrich verblassen lassen. Eine neue »Schlangenhaut« musste her.

Die Idee: ein Wettbewerb zur Neugestaltung. Die Gestaltungsvorschläge sollten von Schülerinnen und Schülern der Stadt kommen. 17 Entwürfe lagen vor. Die Teilnehmer waren allesamt Oberschüler, aber die waren ja auch mal kleine Tobekinder. Bei der Abstimmung wurden 300 Stimmen abgegeben. Am Ende gab es ein klares Ergebnis: *And the winner is ...* Der Entwurf einer 17-jährigen Schülerin der Duncker-Schule machte das Rennen mit 90 Stimmen. Klavier. Donut. Regenbogen. Das waren die Erfolgszutaten der Siegerin. Schon wenige Wochen später wurde die Spielschlange renoviert. Mit gesponserten Farben und viel Engagement von jungen Malerinnen und Malern. Jetzt strahlt Wanda wieder farbenprächtig in der Sonne, bereit für kleine Entdecker. Zeit im Einkaufszentrum kann man ja bei Regen verbringen.

Adresse Märkischer Platz, 14712 Rathenow // **ÖPNV** Bahnhof Rathenow, weiter mit Bus 674, 679, 680, Haltestelle Märkischer Platz // **Anfahrt** Spielschlange vor dem Einkaufszentrum City Center (mit Parkdeck) // **Öffnungszeiten** immer zugänglich // für alle Altersstufen

TIPP: Schräg gegenüber befindet sich auf der Hauswand der Post der »Lebensbaum«, ein großes Kachelmosaik. Ihr könnt es durch das Aussichtsfernrohr auf dem Platz anschauen.

80_DER VERKEHRTE-WELT-SPIEGEL

Optische Tricks für schlaue Kids

Wie geht denn das? Ich hebe den rechten Arm und mein Spiegelbild? Das nimmt ganz keck den linken. Voll verhext! Die Kinder kommen hinzu. Gemeinsam performen wir vor dem großen Spiegel im Optikpark Rathenow und haben mächtig Spaß dabei. Unsere Bewegungen sind anders als erwartet. Aber mit etwas Konzentration haben wir bald den Dreh raus.

Der Spiegel ist eines von vielen bunten Experimenten, die auf neugierige Besucher warten: ein Spiralmuster dreht sich plötzlich wie von Zauberhand, Punkte verschwimmen, und gerade Linien krümmen sich. Im Regenbogenhäuschen kommen wir dem Geheimnis von Licht und Wasser auf die Spur und lauschen in klingenden Farbräumen, die aussehen wie Ufos. Drei Spieltürme stellen die optischen Instrumente Mikroskop, Periskop und Fernrohr dar, denn das Thema hat in der Stadt an der Havel Tradition. Johann Heinrich August Duncker erhielt 1801 das königliche Privileg zur Betreibung einer optischen Industrieanstalt. Damit fing alles an.

Der verhexte Spiegel funktioniert mit einem einfachen Trick. Wer es vorher wissen möchte, bitte weiterlesen. Ansonsten bitte umblättern. Also: Ist der Spiegel eine ganz gerade Fläche, sehen wir unser Spiegelbild gerade. Alles normal. Hat der Spiegel jedoch eine konkave Wölbung, werden die Lichtstrahlen nicht gerade reflektiert, sondern schräg. Wir nehmen sie dann auf der jeweils anderen Seite wahr. Und unser armes Gehirn denkt: Verkehrte Welt! Klaro?

TIPP: Voll den Durchblick über Johann Heinrich August Duncker und die Geschichte der Optikstadt Rathenow gibt's im Optik Industrie Museum Rathenow.

Adresse Schwedendamm 1, 14712 Rathenow, www.optikpark-rathenow.de, barrierefrei // ÖPNV Bahnhof Rathenow, weiter mit Bus 672, 673, 679, Haltestelle Rathenow Platz der Jugend // Anfahrt Park zentral an der Hauptstraße (Schwedendamm) // Öffnungszeiten April – Okt. täglich 9 – 21 Uhr, letzter Einlass 18 Uhr (Sept. und Okt. 18 Uhr) // ab 3 Jahren

81_DIE EIS-OASE

Softeis mit Tradition

Die Signallampe blinkt. Die Carpigiani meldet: »Ich bin gleich leer.« Die italienische Eismaschine mit Pumpenaufschlag rührt cremiges, leichtes Softeis in der Eis-Oase in Rauen. Die beiden anderen Geräte vor Ort produzieren mit der Fallrohr-Technik. Das Eis ist schwerer, aber nicht minder lecker! Eines von ihnen ist ein DDR-Original mit bewegter Vergangenheit. Die Maschine stammt noch aus der Anfangszeit der Eis-Oase. Am 1. Mai 1987 eröffnete Erika Brüning das Geschäft und verkaufte Softeis. Das war eine Sensation, damals war die kalte Leckerei einzigartig in Rauen. Unique Selling Point, wie man heute so sagt. Aus Altersgründen verpachtete die Gründerin 1996 den Laden, jedoch ohne Inventar und Maschinen.

Margrit Zock übernahm die Eisdiele 2004 und schaffte zwei neue Geräte an. Außerdem fand die Thüringerin auch die alte Maschine und kaufte sie wieder zurück. Sie ist voll funktionsfähig und steht als Reserve bereit. »Wie viel Eis pro Tag produziert wird, lässt sich schwer sagen«, so Frau Zock. Das hängt von Saison und Wetter ab. Es wird nach Bedarf produziert, immer wieder frisch. Am beliebtesten ist der Klassiker Schoko-Vanille. Dazu gibt es Vanille-Frucht-Kombis mit wechselnden Geschmacksrichtungen. Geheimtipp: schwarze Johannisbeere. Mmh. Da fängste an zu brummen, fast wie die 18 Liter fassende Carpigiani. Bleibt am Abend doch etwas übrig, geht das Eis in Familienpackungen abgefüllt durch die Verkaufsluke. Tradition to go.

Adresse Chausseestraße 47a, 15518 Rauen // ÖPNV Bahnhof Fürstenwalde/Spree, weiter mit Bus 435, Haltestelle Rauen Feuerwehr // Anfahrt Eis-Oase an der Hauptdurchfahrtsstraße L361/Chausseestraße // Öffnungszeiten täglich 13–18 Uhr (wetterbedingte Schließung möglich) // für alle Schleckermäuler

TIPP: Gleich in der Nähe liegt die Sommerrodelbahn Scharmützelbob. Da könnt ihr auf Spezialschlitten den Berg hinuntersausen.

82_DIE MARKGRAFEN-STEINE

Dicke Dinger aus der Eiszeit

Die dicksten Dinger Brandenburgs liegen in den Rauener Bergen bei Fürstenwalde. Der Kleine und der Große Markgrafenstein weckten schon Goethes Interesse. Er glaubte, die beiden Steine seien Reste großer, in sich selbst zerfallener Felsen. Denkste, Goethe. Die Eiszeit hat die schweren Brocken vor ungefähr 200.000 Jahren aus Schweden angeschleppt. Beim Schmelzen des Eises sind sie hier liegen geblieben. Heute ist der Kleine Markgrafenstein mit einem Volumen von 180 Kubikmetern und einem Umfang von 21 Metern der größte Findling Brandenburgs. Hä, der kleine ist der größte? Genau.

Bis 1827 war der Große Markgrafenstein der größte. Dann kam König Friedrich Wilhelm III. Er ließ den Stein dreiteilen. Aus dem einen Stück wurde die riesige Suppenschüssel vor dem Alten Museum in Berlin. Aus dem anderen wurde der Steinerne Tisch nicht weit von den Markgrafensteinen. Und aus dem Rest, nun ja, wurde der heutige Große Markgrafenstein. Von dem einstigen 300-Kubikmeter-Koloss sind nur mickrige 83,5 Kubikmeter übrig geblieben. Kein Wunder, dass Theodor Fontane enttäuscht war, als er in den 1880er Jahren zu den Markgrafensteinen kam. Er fand, der Stein sähe aus wie ein toter Elefant. Uns beeindruckt der kleine Große. 5,5 Meter ist er hoch und pflügt wie eine riesige Haifischflosse durch den Sand. Und auch der große Kleine sieht aus wie ein Meerwesen. Wie ein gigantischer Blobfisch liegt er da, auf den man auch gut klettern kann.

TIPP: Von den Markgrafensteinen führt ein Weg zum 45 Meter hohen Aussichtsturm. 209 Stufen nach oben steigen und bis zum Fernsehturm schauen.

Adresse 15518 Rauen // ÖPNV Bahnhof Fürstenwalde/Spree, weiter mit Bus 435, Haltestelle Rauen 15518 Rauen Großer Stein, dann 30 Minuten Fußweg // Anfahrt A 12, Ausfahrt Fürstenwalde-West, in Fürstenwalde vor der Spreebrücke links Richtung Rauen, vom Parkplatz 15-minütiger Wanderweg // Öffnungszeiten jederzeit zugänglich // ab 3 Jahren

RHEINSBERG

83_SHELDONS REVIER

Der Katzenkönig unterwegs

Schloss Rheinsberg hat einen neuen König: Sheldon. Der acht Jahre alte Kater lebt mit seinem Besitzer, dem Arzt Markus Kersten, nur einen Katzensprung entfernt. Der 26 Hektar große Schlossgarten ist Sheldons Revier. Hier ist er der King. Von morgens bis abends scharwenzelt er um Statuen, klettert auf Bäume oder döst in der Sonne und wandelt auf den Spuren von Friedrich II. und Prinz Heinrich.

Wer eine Audienz bei Seiner Majestät möchte, besucht die Uferpromenade, den Obelisken, die Egeria-Grotte oder den Bacchustempel. Das sind Sheldons Lieblingsorte. »Außerdem ist er Stammgast im Schlosstheater und im Kurt Tucholsky Literaturmuseum«, weiß sein Besitzer. Hochnäsig ist der Kater dabei nicht. Im Gegenteil. Parkbesucher begleitet er gern auf ihren Spaziergängen, lässt sich von ihnen kraulen und fotografieren. Mit erhobenem Kopf und festem Blick posiert er vor der Kamera, wie es sich für einen König geziemt.

Mit seinem langen zimtfarbenen Fell ist Sheldon – eine Mischung aus Norwegischer Waldkatze und Maine Coon – ziemlich fotogen. Das finden auch seine Facebook-Fans, mehr als 6.400 sind es. »Sheldon Schlosskatzi« heißt der Account. Markus Kersten hat ihn vor fünf Jahren eingerichtet, als Sheldon einmal für ein paar Tage verschwunden war. Der Kater kam von allein zurück – die Seite blieb. Lang lebe der König! Miau.

TIPP: Ein Besuch im Schloss Rheinsberg lohnt sich. Für Kinder gibt es einen Audioguide. Lasst euch von den Engeln Raffael und Angelino das Schloss zeigen.

Adresse Schloss Rheinsberg 2, 16831 Rheinsberg, barrierefrei // **ÖPNV** Bahnhof Rheinsberg/Mark, dann 10 Minuten Fußweg // **Anfahrt** B 122 bis Rheinsberg, Besucherparkplatz in Schlossnähe // **Öffnungszeiten** täglich 8 Uhr bis Einbruch der Dunkelheit // ab 3 Jahren

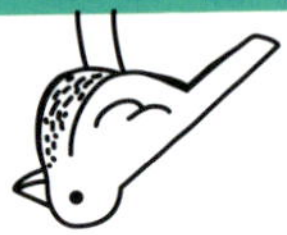

84_DIE WALD-TOILETTE

Wie man richtig in den Wald sch…

Brandenburg gehört zu den waldreichsten Bundesländern. Mehr als 1,1 Millionen Hektar Wald gibt es hier. Das sind etwa 37 Prozent der Landesfläche oder in Fußballfeldern ausgedrückt: etwa 1.540.616. Ganz schön groß. Wanderwege mit einer Länge von rund 2.000 Kilometern verlaufen kreuz und quer durchs Land. Biegt man links oder rechts vom Weg ab, lauern manchmal Tretminen, markiert mit kleinen weißen Fähnchen. Igitt!

»An sich ist Kot im Wald nicht schädlich«, sagt Wibke Avenhaus von der Naturwacht Stechlin-Ruppiner Land. »In einem gesunden Ökosystem wird dieser recht schnell abgebaut.« Das Problem sind die Taschentücher. Ihr Abbau dauert deutlich länger. Und schön sehen die Zellstoffgrüße aus der Zivilisation auch nicht aus. Ein weiteres Problem: Durch Urin und Kot gelangen sehr viele Nährstoffe in die Natur. Das kann zu einer Ausbreitung von stickstoffliebenden Pflanzen führen wie zum Beispiel Brennnessel, Giersch oder Knoblauchsrauke. Gut zu beobachten an Rastplätzen. Jetzt wisst ihr Bescheid.

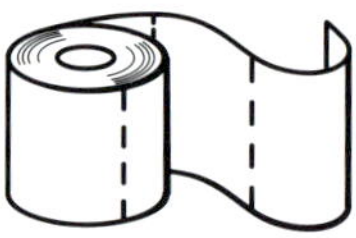

Schlaue Köpfe der Naturwacht haben sich die Brandenburger Waldtoilette ausgedacht. Ein Prototyp wurde 2004 am Wasserrastplatz am Rheinsberger Rhin aufgestellt, direkt hinter der Försterei Berkholzofen. Mit Erfolg. Die Papierflut im Wald ist weniger geworden, die unangenehmen Gerüche auch. Und wie funktioniert nun das innovative Örtchen? Das dürft ihr selbst herausfinden. Grinsen garantiert!

Adresse Försterei Berkholzofen, 16831 Rheinsberg // **Anfahrt** A 24, Ausfahrt Neuruppin, weiter auf B 167 und 122 Richtung Rheinsberg, weiter Richtung Zechow, in Zechow rechts abbiegen und dem Rhin folgen // **Öffnungszeiten** immer zugänglich // ab 5 Jahren

TIPP: Hier werden auf angenehme Art alle fünf Sinne angesprochen: im Sinnesgarten im NaturParkHaus Stechlin in Menz.

85_ DIE SCHACHTOFEN-BATTERIE

Auf Entdeckungstour am Kalksteinbruch

Verwinkelte Ecken und jede Menge Industrieanlagen-Charme. Lost Places lassen grüßen. Hier geht es auf Entdeckungstour in und auf der Schachtofenbatterie der ehemaligen Kalkbrennerei im Museumspark Rüdersdorf. Über eine Metallstiege klettern die Kinder auf eine andere Ebene, gucken in Röhren und flitzen um die alten Brennöfen beim Versteckenspielen. Die 18 riesigen Schornsteine, die wie umgedrehte Blumentöpfe aussehen, ragen in den Himmel. Ein Bretterpfad führt zwischen ihnen hindurch. Ein bisschen Mut ist gefragt und wird belohnt: Von hier oben hat man eine herrliche Aussicht.

In der kolossalen Anlage wurde auf drei Ebenen gearbeitet und in den Brennöfen Kalk aus dem Steinbruch gebrannt. Tonnenweise. Zwischen 1871 und 1876 stieg die jährliche Produktion um 1.000 Prozent, von 2.700 auf 28.100 Tonnen. Wozu brauchte man den Kalk? Boomtown Berlin. Während der Gründerzeit begann in der nahe gelegenen Großstadt massiv der Wohnungsbau.

Das ist Geschichte. Bis 1967 war die Schachtofenbatterie in Betrieb. Die riesige Kalksteingrube ist noch da. Eine mondartige Landschaft, durch die eine geführte Jeep-Tour fährt, inklusive Fossilien sammeln. Auf dem Weg am Rand des Steinbruchs entlangspazieren bis zur Seilbahn-Umlenkstation ist aber auch prima. Die imposante Stahlkonstruktion war Teil der ehemaligen Förderanlage. Besonders toll wird der Besuch, wenn ihr die verschiedenen Stationen mit einem gemieteten Tret-Gokart ansteuert.

TIPP: Wer sich noch weiter auspowern möchte: Kletter-Spaß für Minis ab 4 Jahren (und für die großen Kids natürlich auch) gibt's im Kletterwald Grünheide/Mark.

Adresse Heinitzstraße 9, 15562 Rüdersdorf bei Berlin, www.ruedersdorf-kultur.de // **ÖPNV** Tram 88, Bus 950, 951, Haltestelle Rüdersdorf Marktplatz, weiter zu Fuß über Grüne Kehle (600 Meter) // **Anfahrt** A 10, Ausfahrt Rüdersdorf, den Schildern folgen // **Öffnungszeiten** März–Okt. täglich 10–18 Uhr, Nov.–Feb. Di–So 10.30–16 Uhr // ab 5 Jahren

86_DAS STORCHENDORF

Auf unsrer Wiese gehet was

Brandenburg ist das Land der Störche. In keinem anderen Bundesland gibt es so viele wie in der Mark. Bis zu 1.400 Paare werden pro Jahr gezählt. Beobachten kann man die Rotschnäbel zwischen Mitte März und Ende August, zum Beispiel in Rühstädt. Das 240-Seelen-Dorf im Nordwesten des Landes trägt seit 1996 den Titel Europäisches Storchendorf. Die ersten Störche kamen in den 1950er Jahren. Heute nisten um die 30 Storchenpaare hier. Die meisten auf einmal sieht man, wenn man vor dem alten Speicher steht: Einfach den Kopf in den Nacken legen und sich einmal um sich selbst drehen. Achtung, Schwindelgefahr! Eine gute Sicht über die Dächer und Nester hat man vom Walter-Fritze-Balkon des Gebäudes. Und wer einen Blick ins Nest werfen will: Im NABU-Besucherzentrum wird live aus einem Storchenhorst übertragen.

Jedes Jahr bevor die Weltenbummler aus Afrika zurückkommen, setzen die Rühstädter die Nester auf ihren Dächern instand. Aber nicht nur wegen der liebevollen Pflege kehren die Störche Jahr für Jahr zurück. In den umliegenden Feuchtwiesen der Elbtalaue finden sie ausreichend Futter. Auf der Suche nach Kaulquappen, Fröschen und Kröten sieht man die Weißröcke über die Wiesen staken. Oder sie schreiten hinter einem pflügenden Traktor her und schnappen mit ihren 20 Zentimeter langen Schnäbeln nach Regenwürmern und Insekten. Beste Beobachtungszeit ist abends. Dann beginnt das große Schnabelklappern: Der hungrige Nachwuchs begrüßt die heimkehrenden Eltern. Das muss man gehört haben.

TIPP: Noch mehr Vögel kann man bei einer Radtour auf dem Elbdeich beobachten. Im Frühjahr und Herbst rasten Tausende Kraniche, Wildgänse und Singschwäne in der Elbtalaue.

Adresse Neuhausstraße 9, 19322 Rühstädt, www.nabu-ruehstaedt.de // **ÖPNV** Bahnhof Bad Wilsnack, weiter mit Bus 960 (am Wochenende nur als Rufbus), Haltestelle Rühstädt; oder ab Bad Wilsnack mit dem Fahrrad, den Schildern folgen // **Anfahrt** B 5 bis Kletzke, von dort weiter über Bad Wilsnack nach Rühstädt // **Öffnungszeiten** NABU-Besucherzentrum: siehe Homepage; Storchendorf: immer zugänglich // ab 4 Jahren

87_DIE ELCHFARM

Auf Elch-Safari in der Uckermark

Da kommt Schweden-Feeling auf. Wo? Auf Thomas Golz' Elch- und Rentierfarm. Hier kann man Elchen ganz nah kommen. »Eigentlich wollte ich nie welche haben«, erzählt der Landwirt. Doch der Zufall führte zwei junge Elchkühe vor 17 Jahren zu ihm. Was niemand wusste: Eine von ihnen war trächtig. Sie kalbte ein paar Monate später. Zur gleichen Zeit landeten zwei Elch-Waisenkinder aus dem Rostocker Zoo bei ihm. Heute leben sieben Elche auf dem mehr als 50 Hektar großen Gelände, außerdem Rentiere, Wapitis und Bisons sowie europäisches Rotwild. 120 Tiere sind es insgesamt.

»Wir sind ein Landwirtschaftsbetrieb und kein Zoo«, betont Thomas Golz. Er beliefert Tierparks und Wildgehege in ganz Europa mit Tieren aus eigener Zucht. Von Juni bis August öffnet er seine Farm für Besucher. Im Sommer dösen die Elche meist im hohen Gras. Nur ihre mächtigen Geweihe sind dann zu sehen. Deswegen fährt Thomas Golz seine Gäste im offenen Land Rover mit Cabrio-Anhänger durch die weitläufigen Gehege. Und tatsächlich: Ein paar Tiere stehen neugierig auf, als der Wagen hält. Zwei, drei von ihnen schlendern heran. Auf der Suche nach einem Leckerli beschnuppern sie die Gäste. Thomas Golz hat vorgesorgt. Mutige dürfen die gutmütigen Tiere aus der Hand füttern und sie streicheln. Doch nicht alle Elche sind so zutraulich. Elchbulle Florian beobachtet das Treiben lieber aus der Ferne. Nicht schlimm, mit seinem Schaufelgeweih mit einer Spannweite von einem Meter beeindruckt der 600-Kilo-Koloss auch so.

TIPP: Südlich von Prenzlau liegt die Kleine Heide. Auf dem Erlebniswanderweg »Tierisch phänomenal« erfahrt ihr mehr über die Superkräfte der großen und kleinen Waldbewohner.

Adresse Kleptow 29, 17291 Schenkenberg-Kleptow // ÖPNV Bahnhof Prenzlau, weiter mit Bus 425, Haltestelle Kleptow // Anfahrt A 20, Ausfahrt Prenzlau-Ost, weiter auf L 26 bis Kleptow // Öffnungszeiten Juli – Aug. Do – Sa 10 – 17 Uhr // ab 3 Jahren

88_DIE BESUCHER-TERRASSE

Flugzeuge gucken ist laut und lustig

Der Blick von der Besucherterrasse des ehemaligen Flughafens Berlin-Schönefeld ging nach Südwesten und fiel auf ein großes, flaches Gebäude am Horizont, die Silhouette des neuen Großflughafens. Ja, es war die berühmteste Baustelle Deutschlands: der BER. Heute ist er fertig und der Airport mit dem IATA-Code SXF geschlossen. Seine Fläche von 970 Hektar wurde auf 1.470 Hektar ausgebaut. Die Start- und Landebahn des 1946 eröffneten Schönefelder Flughafens wurde die Nordbahn des BER, verlängert von 3.000 auf 3.600 Meter. Zusätzlich hat der Flughafen Berlin Brandenburg »Willy Brandt« die 4.000 Meter lange Südbahn. Mehr als 16.000 Flugzeuge starten und landen pro Monat. Von der Plattform im Terminal 1 können kleine und große Flugzeugfans das Treiben auf dem Rollfeld bestaunen. Viele kleine Fahrzeuge sausen hin und her. Maschinen verschiedener Fluggesellschaften rangieren aus ihren Parkpositionen. Die Turbinen werden hochgefahren, das Dröhnen schwillt an. Ziemlich laut ist das Ganze: bis zu 140 Dezibel. Deshalb für jüngere Kinder unbedingt Ohrenschutz mitnehmen. Außerdem solltet ihr beachten, dass Tiere und Gepäck nicht auf die Besucherterrasse dürfen. Kinderwagen sind erlaubt. Die Flugzeuge drehen eine Runde und erscheinen schließlich am Horizont auf der Startbahn. Da ist das blaue, wir haben es wiederentdeckt. Am rechten Rand der Besucherterrasse sehen wir die Skyline der Stadt. Über allem glänzt die Kugel des Berliner Fernsehturms.

Adresse Melli-Beese-Ring 1, 12529 Schönefeld, Terminal 1 Check-in-Bereich Empore // **ÖPNV** FEX, RE 8, RE 22, RE 23, S 9, S 45, Haltestelle BER T 1–2; Bus X 7, X 71, Haltestelle BER T 1–2 // **Öffnungszeiten** täglich 10–19 Uhr // für Flugzeugfans aller Altersstufen

TIPP: Vom Rollfeld ins Wunderland: Steigt in übergroße Tassen und fühlt euch wie Alice in ihrem Abenteuer – auf dem Motto-Spielplatz in Zeuthen.

89_DER DINOMAURIER

Zwischen Dinozahn und Kahnfahr'n

Gigantische 117 Meter ist der Dinomaurier lang. Selbst der Seismosaurus, der längste aller Saurier, kann da nicht mithalten. Mickrige 33 Meter maß er nur. Punkten kann der Riese aus Feldsteinen auch mit seinen gewaltigen Zähnen. Er hat zwar nur acht, dafür erinnern diese an den gefürchteten Tyrannosaurus Rex. Angst hat hier im Kleinen-Spreewald-Park in Schöneiche jedoch keiner. Im Gegenteil. Ein Junge klettert bedenkenlos in das Maul des Viehs. Ein anderer lässt seinen Monstertruck im Rachen racen. Auf seinem Leib trägt der Dinomaurier mehr als 500 Keramikreliefs – gestaltet von Schöneicher Schülern. Derart bunt verziert könnte er auch in Antoni Gaudís Park Güell in Barcelona leben.

Geht man unter dem Dinomaurier hindurch, kommt man zum Dinoteich. Dort tummeln sich zwischen Schilf und Seerosen Fische. Früher war der Teich einmal ein 25 mal 100 Meter großes Schwimmbecken. Von 1936 bis 1989 ging das Badevergnügen. Die Aufschrift »Schwimmeister« zeugt noch heute von dem einstigen Badebetrieb. Aus dem ehemaligen Freibad und zwei weiteren brachliegenden Flächen wurde der heutige Kleine-Spreewald-Park. 1999 wurde das 4,5 Hektar große Gelände eröffnet – ohne Schwimmbad, aber mit Naturlehrpfad, Kräuterschaugarten und Abenteuerspielplatz. Wenn es der Wasserstand erlaubt, kann man im Kleinen-Spreewald-Park auch Kahn fahren. Ganz wie im großen Spreewald. Sau(rier)cool!

Adresse Berliner Straße 1a, 15566 Schöneiche bei Berlin // ÖPNV S3, Bahnhof Berlin-Friedrichshagen, weiter mit Tram 88, Haltestelle Schöneiche Dorfaue, dann 10 Minuten Fußweg // Anfahrt B1/B5, weiter auf Neuenhagener Chaussee bis Schöneiche Ortskern, von dort weiter zum Kleinen-Spreewald-Park // Öffnungszeiten April–Sept. 8–20 Uhr, Okt.–März 8–18 Uhr // ab 3 Jahren

TIPP: Am Goethepark in Schöneiche befindet sich die Süsse Sünde. Hier gibt's Eis aus regionaler Biomilch und vegane Sorbets direkt aus der Eismaschine. Neugierige können durchs Fenster beim Eismachen zusehen.

90_DER GUTE-NACHT-BRIEFKASTEN

Traumpost für den Sandmann

Schon gewusst? Das Sandmännchen hat seinen eigenen Briefkasten in Groß Schönebeck. Der kleine Kasten steht in der Schlufter Straße vor einem gewaltigen Wandbild. 350 Quadratmeter ist es groß. Zu sehen sind lauter alte Bekannte: Herr Fuchs und Frau Elster, Pittiplatsch, der Liebe, Schnatterinchen, Moppi und viele andere Figuren mehr. Lässt man den Blick nach ganz rechts schweifen, erblickt man einen Storch. In seinem roten Schnabel: ein Briefumschlag. Direkt darunter: der Briefkasten des Sandmanns. Hier können Kinder ihre gezeichneten Traumbilder und Wünsche einwerfen. Einmal im Monat wird der Briefkasten geleert und die Briefe an den rbb weitergeleitet. Dort werden sie von der Sandmann-Redaktion beantwortet. Deswegen: Absender nicht vergessen!

Wandbild und Briefkasten sind Teil des drei Kilometer langen Sandmännchen-Pfads. Er erinnert an das Leben und Werk von Walter Krumbach. Der Kinderbuchautor hat nicht nur die Texte und Lieder für das Sandmännchen geschrieben, sondern auch mehr als 80 Kinderbücher verfasst. Die Anregungen dafür holte sich der Vielbeschäftigte aus dem Wald rund um Groß Schönebeck. 30 Jahre lebte er hier.

To do: Wie viele Sandmännchen verstecken sich auf dem Wandbild in der Schlufter Straße? Zählt nach. Die Auflösung findet ihr an dem Pfahl, an dem der Briefkasten befestigt ist.

TIPP: Waldlehrgarten, Lagerfeuerplatz und Hirsch-Erlebniswelt: Das gibt's in der Waldschule Jägerhaus in Groß Schönebeck.

Adresse Schlufter Straße 10, 16244 Schorfheide-Groß Schönebeck, www.grossschoenebeck.de // **ÖPNV** Bahnhof Groß Schönebeck, dann 20 Minuten Fußweg // **Anfahrt** B 109 bis Schorfheide, weiter auf L 100 nach Groß Schönebeck // ab 3 Jahren

91_ DER WILDPARK

Wolf, Wisent & Co.

»Prrrischi-Dingsbums-Pferde!« Das Kind läuft auf die Koppel zu. Im Wildpark Schorfheide lebt eine Herde der letzten echten Wildpferde. In freier Wildbahn gibt es sie seit 1970 nicht mehr. Hier haben sie ein großes Gehege inmitten der weitläufigen Anlage. Man sieht die Tiere, wie sie in der Ferne über die Weide ziehen. Richtig heißen sie Przewalski-Pferde. Den Zungenbrecher-Namen verdanken sie dem russischen Forschungsreisenden Nikolai Michailowitsch Prschewalski. Er entdeckte sie 1878 auf einer Expedition in Zentralasien. Apropos entdecken. Vorbei geht es an Rotwild, Wölfen und Wildschweinen zu den Elchen. Ganz versteckt im äußersten Zipfel seines Geheges steht ein Elchbulle mit mächtiger Geweihschaufel. Nur die Luchse lassen sich nicht blicken. Die Fütterung der scheuen Tiere findet täglich am Vormittag statt. Dann klappt's.

Dem Europäischen Wisent sind die Besucher herzlich egal. Mit gemütlicher Ausdauer grast es die Weide ab. Selten so ein chilliges Tier gesehen. Dicht bewegt sich der massige Körper am dünnen Drahtzaun entlang. Bullig. Beeindruckend. Es ist das schwerste Landsäugetier Europas. Etwa 60 bis 80 Prozent seiner Zeit verbringt ein Wisent mit Wiederkäuen. Da kann man es ruhig angehen lassen. Die Przewalskis sind lebhafter. Vier Pferde stehen jetzt dicht am Zaun. Keck schauen sie uns an. Ob es wohl am Apfel liegt, den das Kind gerade verspeist? Wildpferde ganz nah – toll!

Adresse Prenzlauer Straße 16, 16244 Schorfheide-Groß Schönebeck, www.wildpark-schorfheide.de // **ÖPNV** Bahnhof Groß Schönebeck, dann auf einer Wanderung (30 Minuten) den grünen Wegweisern folgen // **Anfahrt** B 109 bis Groß Schönebeck, Ausschilderung folgen // **Öffnungszeiten** täglich 9–19 Uhr, letzter Einlass 17 Uhr // für alle Altersstufen

TIPP: Nicht weit entfernt in Schorfheide-Eichhorst steht das Wisentdenkmal. Schon beeindruckend: Es zeigt einen Wisentstier in Angriffsposition.

92_DER RAPUNZELTURM

Ein Turm wie im Märchen

»Rapunzel, Rapunzel, lass dein Haar herunter!« So riefen die Zauberin und der Königssohn in dem Märchen der Gebrüder Grimm. Alsbald ließ die so Angeflehte, die in einen Turm eingeschlossen war, der in einem Walde lag und weder Treppe noch Tür hatte, ihre langen Haare herab. Zauberin und Königssohn stiegen flugs daran zu ihr hinauf. In Wildau steht ein Turm, der aussieht, als käme er direkt aus diesem Märchen. Der zwölf Meter hohe Askanierturm wird auch Rapunzelturm genannt. Und tatsächlich ließ vor nicht allzu langer Zeit eine Rapunzel ihre lange Mähne aus dem Turmfenster herunterfallen. Im Jahr 2009 diente der Turm der ARD als Drehort für eine Neuverfilmung des Märchens.

Wer den Turmaufstieg heute wagen will, muss nicht mühsam außen emporklettern. Eine Wendeltreppe führt innen nach oben. Das ist schneller und sicherer. Um die 52 Treppenstufen zu erklimmen, braucht man einen Schlüssel. Den gibt es im nur fünf Gehminuten entfernten Café Wildau. Dort kann man zu den jeweiligen Öffnungszeiten gegen eine Gebühr den Schlüssel holen. Ist man schließlich oben im Turm angekommen, blickt man über den Werbellinsee, einen der größten und tiefsten Seen Brandenburgs, und die umliegenden Wälder.

Die Idee für den Turm hatte der Dichter Friedrich Brunold. Er wollte den Askaniern, einem alten Adelsgeschlecht, ein Denkmal setzen. Am 2. Oktober 1879 wurde der Turm eingeweiht. Nur wenige Tage später kam Wilhelm I., König von Preußen, zu Besuch. Kein Märchen, so steht es im Gästebuch.

TIPP: Abkühlung gibt's im Sommer am östlichen Ufer des Werbellinsees. Glasklares Wasser und unzählige kleine Badestellen laden zum Baden ein.

Adresse Askanierturm 1, 16244 Schorfheide-Wildau // **Anfahrt** A 11, Ausfahrt Finowfurt, B 167 folgen, weiter auf L 220 bis Wildau // **Öffnungszeiten** Café Wildau: täglich 12 – 21 Uhr; Turm von außen immer zu besichtigen // für jedes Alter

93_DAS 3-D-WANDBILD

Durchgang oder kein Durchgang?

In Schwedt guckt man und staunt: bunt bemalte Giebelwände, Hausdurchgänge, Wohnblöcke und Trafostationen überall. Die großen Betonwände scheinen wie geschaffen für Kunstwerke. Die ersten entstanden bereits in den 1960er Jahren. Manche sind im Laufe der Zeit verblichen, andere wurden restauriert, neue sind entstanden. 38 kleine und große Wandbilder sind heute in der Stadt verteilt. Also, Augen auf!

Der besondere Hingucker: das Fassadenbild an der Südseite des Wohnhauses in der Bahnhofstraße 2 bis 8. Christoph Neubauer hat es 2002 in 3-D-Optik gemalt. Aufgepasst! Wer nicht genau hinschaut, läuft gegen die Wand. Der Durchgang zum 300 Meter entfernten Berlischky-Pavillon ist eine optische Täuschung. Die dargestellte Seilergasse gibt es schon lange nicht mehr. Genau wie den Zeppelin, der über dem Straßenzug schwebt. Das 237 Meter lange Luftschiff flog am 19. Mai 1934 auf seiner Deutschlandfahrt in nordwestlicher Richtung über die Stadt.

Außerdem sehenswert: der virtuelle Tierpark Schwedt, das Monument der Elektrizität und das längste Fassadenbild Deutschlands. Die 1.000 Quadratmeter große Illusionsmalerei an der Eingangsfront der PCK-Raffinerie in der Passower Chaussee zeigt die Anlagen der Fabrik. Jedes der fünf Gemälde enthält Tiere, die nicht dorthin gehören. Wer findet Tiger, Schlange und Co.?

Adresse Bahnhofstraße 2–8, 16303 Schwedt/Oder // ÖPNV Bahnhof Schwedt, weiter zu Fuß über Bahnhofstraße // Anfahrt B 198 bis Angermünde, von dort B 2 und L 284 nach Schwedt // Öffnungszeiten immer zugänglich // ab 4 Jahren

TIPP: Ob Spinnen-, Schlangen- oder Brückenfelsen: Im Klettergarten Schwedt im Dr.-Wilhelm-Külz-Viertel kommen Kletterfans voll auf ihre Kosten.

94_DIE FLUSS-BADESTELLE

Schwimmen in der Oder

Schwimmen im Fluss? Aber klar doch. Wovon die Menschen in Berlin noch träumen, ist in Schwedt bereits Wirklichkeit geworden: Hier kann man seit 2019 wieder guten Gewissens in die Alte Oder hüpfen. Direkt am Nationalpark Unteres Odertal liegt die Flussbadestelle. Natur zum Greifen nah – mitten in der Stadt. An gleicher Stelle gab es schon einmal ein Flussbad. Dort lernten Bürgermeister Jürgen Polzehl und viele andere Schwedter das Schwimmen. Doch 1968 war Schluss mit Baden im Fluss. Der Grund: schlechte Wasserqualität. Fast forward 51 Jahre. Die Flussbadestelle 2.0 eröffnet mit bester Badewasserqualität und einer ganz sanften Strömung, die das Baden im Fluss so besonders macht. »Es vermittelt eine gewisse Stärke und Dynamik – während ein See Ruhe ausstrahlt«, beschreibt Annett Buchholz von der Flussbadestelle den Unterschied zum Baden im See.

Sonnendeck, Liegewiese, Strandkörbe und Liegestühle – so kann man den Sommer in der Stadt verbringen. Und das komplett kostenfrei. Gut zu wissen: Das Baden erfolgt auf eigene Gefahr. Den 40 mal 40 Meter großen Schwimmerbereich kennzeichnen 20 gelbe Bojen. In sicherem Abstand schippern Ausflugsdampfer, Motor- und Hausboote vorbei. Mit etwas Glück kann man auch die Olympiasieger Sebastian Brendel und Jan Vandrey vorbeipaddeln sehen. Das Wassersportzentrum Schwedt ist nicht weit entfernt.

Adresse Bollwerk 15, 16303 Schwedt/Oder, www.flussbadestelle-schwedt.de // ÖPNV Bahnhof Schwedt, weiter mit Bus 481, 482, 489 und 492, Haltestelle Schwedt Am Kietz // Anfahrt A 11, Ausfahrt Joachimsthal, B 198 bis Angermünde, B 2 Richtung Schwedt, weiter auf L 284, in Schwedt dem Flusslauf folgen // Öffnungszeiten siehe Homepage // für jedes Alter

TIPP: Guck mal, wer da schwimmt: Im Nationalparkhaus Criewen steht das 15.000 Liter fassende Oder-Aquarium. Mehr als 20 heimische Fischarten tummeln sich darin.

95_DAS SCHOKO-LADENLAND

Wo süße Träume wahr werden …

»Wir kühlen mit Sonnenenergie«, sagt Goedele Matthyssen. What? Ach so, klar. Die modernen Sonnenpanels auf dem Dach versorgen die Klimaanlage. Bei perfekten 20 Grad läuft die Produktion, auch im Hochsommer. Im SchokoLadenLand in Hornow entstehen die Köstlichkeiten der Confiserie Felicitas. Feinste belgische Pralinen und Schokoladentafeln aus hochwertigen Zutaten: Kakaomasse von Callebaut, Kakaobutter und Zucker. Füllungen in Geschmacksrichtungen von Karamellcrunch bis Himbeermousse. Na, läuft euch schon das Wasser im Mund zusammen? An die 700 verschiedene Figuren und Formen sind im Sortiment. Die dazugehörigen Spezialformen aus Kunststoff kommen aus Belgien.

So wie Goedele Matthyssen und ihr Mann Peter Bienstman. In der Nachwendezeit kamen sie neugierig in die Lausitz. Sie blieben. In einer LPG-Küche starteten sie 1992 ihre Produktion. Fast 30 Jahre später blicken sie auf ihr SchokoLadenLand. Nachhaltig und barrierefrei. Für Jung und Alt. Mit Streichelzoo und Pralinenseminar, Schauwerkstatt und Schokoworkshops. Und … saure Gurken aus Schokolade? Ja! Die Schokogurken krümmen sich im Glas wie die typischen kleinen Spreewaldgürkchen: in Zartbitter, Vollmilch, Weiß und Hellgrün mit Knallbrause. Das ist das Zeug, bei dem es im Mund magisch knistert! Gurkengenial! Werdet selbst zum Chocolatier: Kommt vorbei, kreiert mit euren Kids eure Lieblingsschokolade oder schreibt schwungvoll mit Schokolade bei der Schokomalerei. Schokolade macht einfach glücklich!

Adresse Schokoladenweg 1, 03130 Spremberg-Hornow, www.confiserie-felicitas.de // **Anfahrt** A 15, Ausfahrt Roggosen, weiter über B 168, der Ausschilderung folgen // **Öffnungszeiten** Mo–Sa 8–18 Uhr, So 14–18 Uhr, an Feiertagen im Land Brandenburg geschlossen // für alle Altersstufen

TIPP: Etwa eine halbe Stunde Fahrzeit entfernt liegt der Ostdeutsche Rosengarten Forst (Lausitz) mit seinen unzähligen duftenden Blüten.

96_DER WILDE SCHLOSSGARTEN

Abenteuer für kleine Prinzen und Prinzessinnen

Überwucherte Brücken, geschwungene Wege und wildes Grün, so weit das Auge reicht. Der Schlosspark in Steinhöfel ist kein typischer hochherrschaftlicher Garten des 18. Jahrhunderts. Damals dominierten Barockgärten mit strengen Formen. Geometrisch. Exakt. Nicht so in Steinhöfel. Der Landschaftspark wurde im Stil der englischen Parks angelegt. Das ist das Besondere an ihm. Das Schloss ließ die Adelsfamilie von Wulffen 1730 bauen. In den folgenden Jahrzehnten wurde es mehrfach umgebaut, bis es fast nicht mehr wiederzuerkennen war. Totsaniert, sagt man heute. Oder etwas freundlicher ausgedrückt: verschlimmbessert.

Oberhofmarschall Valentin von Massow kaufte 1790 das Anwesen und engagierte den Architekten und Baumeister David Gilly. Es entstand ein fortschrittlicher und für die spätere Park- und Gartengestaltung prägender Landschaftspark. Auch Karl-Friedrich Schinkel wird eine Beteiligung an den Umbauten und an der Parkgestaltung in den Jahren 1820 und 1840 zugeschrieben. Was war nun also das Besondere? Fontane notiert dazu in seinen Wanderungen durch die Mark Brandenburg aus dem Jahr 1863: »Es ist dies bekanntlich der Sieg des Natürlichen über das Künstliche, des Gebüsches über den Poetensteig.« Der Park ist heute einer der bedeutendsten der Mark Brandenburg. Das Schloss strahlt in hellem Gelb, und der Fokus auf das Wilde, Ursprüngliche der Natur ist weiterhin spürbar. Die Großen genießen das romantische Ambiente, und die Kleinen balancieren auf einem riesigen umgestürzten Baum. Nice!

TIPP: Kleine Stärkung gefällig? Im Eiscafé Lewerenz im Ortsteil Beerfelde gibt es leckeres Eis, kleine Speisen sowie heiße und kalte Getränke.

Adresse Am Schloßweg 4, 15518 Steinhöfel // **ÖPNV** Bahnhof Fürstenwalde/Spree, weiter mit Bus 433, Haltestelle Steinhöfel (LOS) Neubau // **Anfahrt** B 168 und L 36, Park südlich des Dorfzentrums // **Öffnungszeiten** immer zugänglich // für alle Altersstufen

97_DIE BINNENDÜNE

Urlaubsfeeling wie Sand am Meer

Hä, sind wir hier richtig? An der Straße befindet sich ein Gebrauchtwagenhändler, Feuerholz wird verkauft. Daneben stehen fünf große Altglascontainer und das, was Menschen vor, an und neben diesen abladen. Hier soll ein Naturdenkmal sein? Ja, seit 1990. Also auf geht's, der Entdeckermodus ist eingeschaltet. Nach 300 Metern werden wir schon belohnt: Schuhe aus und rauf auf die 69 Meter hohe Düne. Kleine Trichter im Sand zeugen von den Bauten der Ameisenlöwen. Sie sind die Maskottchen der Düne.

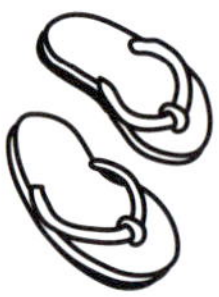

Wo kommt so viel Sand her? Aus der Eiszeit. Nach dem Abtauen des Eises blieb der Boden lange vegetationslos. Der feine Sand wurde aufgeblasen und sammelte sich. 14 Hektar umfasst der Kern der Binnendüne Waltersberge, die eine der größten Deutschlands ist. Fast wäre sie verschwunden. Im 18. Jahrhundert begann die Aufforstung zur Versorgung Berlins mit Bauholz. 300 Jahre später war die offene Sandfläche auf ein Viertel geschrumpft. Erst 2010 erfolgte die erste Ausholzungsaktion, um ein vollständiges Zuwachsen zu verhindern.

Vom höchsten Punkt aus geht der Blick über grüne Baumkronen bis zum Storkower See. Toll. Hier wollen wir noch etwas bleiben. Das warme Abendlicht taucht die Düne in eine sanfte Stimmung. Sofort kommt Urlaubsfeeling auf. Die Kinder hüpfen den Sandberg hinunter. Dann kullern sie ... immer schneller ... Liebe Eltern, bitte nur nachmachen, wenn ihr regelmäßig Karussell fahrt oder Purzelbäume schlagt! Nur mal so ein kleiner Tipp.

Adresse Reichenwalder Straße 27, 15859 Storkow/Mark // ÖPNV Bahnhof Fürstenwalde/Spree, weiter mit Bus 435, Haltestelle Storkow Wolfswinkel // Anfahrt A 12, Ausfahrt Storkow, weiter auf L 23 // Öffnungszeiten immer zugänglich // ab Buddelkastenalter

TIPP: Vom Sand ins Wasser: Die wunderschöne Badestelle »Am Wolfswinkel« am Storkower See liegt ganz in der Nähe. Pommes gibt's auch.

98_DER RIESEN-RUTSCHEN-TURM

Mit Karacho in die Tiefe sausen

Die drei kunterbunten Türme sieht man schon von Weitem. Ihre schiefen Spitzdächer erinnern an Wichtelmützen. Nur größer. Sehr viel größer. Sie gehören zum XXL-Rutschen-Paradies, dem Wahrzeichen des MitMachParks Irrlandia in Storkow.

Ganze 16 Meter misst der größte der drei Türme. Damit ist der Rutschenturm der höchste in Brandenburg. 13 und zehn Meter messen die beiden anderen. Fünf silberglänzende Rüssel hängen an den Türmen: Edelstahlrutschen. Die höchste davon: eine Freifallrutsche. Aus zwölf Metern stürzt man sich hier in die Tiefe. Zehn Sekunden dauert die Rutschpartie. Das fetzt. Doch bevor es rasant nach unten geht, muss man erst einmal hoch. »Das ist eine sportliche Herausforderung«, sagt Evelin Beier vom MitMachPark. Aber was ein 83 Jahre alter Herr schafft – laut Gästebucheintrag der älteste Rutscher –, schaffen Kinder mit links. Über Leitern und Podeste geht es im Inneren der Türme nach oben. Gittergänge führen von einem Turm zum anderen. Abkürzungen und Abzweigungen überall. Ein wahres Labyrinth. Verwirrung vorprogrammiert!

Oben angekommen: kurz verschnaufen. Runter geht's auf speziellen Rutschsäcken. Die hat der Hersteller extra anfertigen lassen. Verbrennungen werden damit vermieden, die Rutschgeschwindigkeit erhöht. Na dann: Bahn frei und guten Rutsch! Gut zu wissen: Kinder unter sechs Jahren dürfen nur in Begleitung eines Erwachsenen rutschen.

TIPP: Die Burg Storkow steckt voller Geheimnisse. Entdecken könnt ihr sie entweder auf eigene Faust oder bei einer Rallye.

Adresse Gewerbegebiet Neu-Boston Lebbiner Straße 1, 15859 Storkow/Mark // **ÖPNV** Bahnhof Storkow/Mark, dann 20 Minuten Fußweg; oder Bahnhof Fürstenwalde/Spree, weiter mit Bus 435, Haltestelle Storkow/Mark // **Anfahrt** A 12, Ausfahrt Storkow, oder B 246, den Schildern folgen // **Öffnungszeiten** Mai – Okt. täglich 10 – 18 Uhr // ab 3 Jahren

99_DAS ALTE FEUERWEHRHAUS

Klein und fein

Tatütata – kaum ein Einsatzfahrzeug begeistert Kinder so sehr wie ein Feuerwehrwagen. Mit großen Augen staunen Mädchen und Jungs über Blaulicht und Martinshorn – und vergessen vor Faszination, sich die Ohren zuzuhalten, wenn die großen Löschfahrzeuge vorbeibrausen.

Etwas ruhiger ist es bei der freiwilligen Feuerwehr im 170-Seelen-Ort Groß Schauen. Sie ist mit aktuell 15 Mitgliedern, davon vier Frauen, eine der kleinsten Ortsfeuerwehren im Ortsverband Storkow. Klein ist auch das entzückende Fachwerkhäuschen aus dem Jahr 1935 mit dem knallroten Garagentor. Es beherbergt das Tragkraftspritzenfahrzeug: ein Ford Transit, Baujahr 1972, mit Platz für sechs Personen und 65 PS. Wer die Nase an die Scheibe des Fachwerkhäuschens drückt, kann einen Blick auf das Einsatzfahrzeug werfen. Viele Meter Feuerwehrschlauch hat es an Bord. Wasser marsch!

Obwohl es eine Berufsfeuerwehr oft erst in Orten mit mehr als 100.000 Einwohnern gibt, sind es in Brandenburg dennoch fünf: Potsdam, Cottbus, Frankfurt/Oder, Eberswalde und Brandenburg an der Havel. Andernorts stemmen die Männer und Frauen aus den Dörfern alles, vom Waldbrand bis zur Tiernotrettung. Ehrenamtlich. Die Ortsfeuerwehr aus Bugk an der Südseite des Groß Schauener Sees half einem Pferd aus dem Graben. Unter den Bauch des Tieres kam ein Feuerwehrschlauch, dieser an einen Traktor und dann raus aus dem Matsch. »Man arbeitet mit dem, was man hat«, so Stadtwehrführer Frank Ebert. Rettung geglückt!

TIPP: Direkt hinter dem Feuerwehrhaus führt ein Waldweg (500 Meter) zu einer kleinen Badestelle am Groß Schauener See. Dort kann man herrlich abtauchen.

Adresse Groß Schauener Hauptstraße 7, 15859 Storkow/Mark-Groß Schauen // **Anfahrt** A 12, Ausfahrt Bestensee, B 246 folgen, Feuerwehrhaus an der Hauptstraße/B 246 // **Öffnungszeiten** nur von außen zu besichtigen // ab 3 Jahren

100_DIE AUSSICHTS-PLATTFORM

Picknick am See

Knapp 30 Kilometer nordöstlich von Berlin liegt ein eiszeitlicher Rinnensee: der Straussee, an seinen Ufern die Stadt Strausberg (mit s, nicht mit ß, auch wenn ihr Stadtwappen einen entsprechenden Großvogel zeigt). Er ist 3,8 Kilometer lang und 340 Meter schmal. Seine Form erinnert an eine lang gezogene Bohne. Dieser Hülsenfrucht verdankt er vermutlich seinen Namen, abgeleitet vom slawischen Wort *strutch*, zu Deutsch: Schote. Er hat eine schmale Uferregion mit bis zu sechs Metern Wassertiefe, dann geht es steil bis auf zehn Meter hinunter. An der tiefsten Stelle sind es sogar 20 Meter. Erstmals urkundlich erwähnt wurde die Stadt Strausberg im Jahr 1247 als Struceberch.

Am Ostufer des Sees liegt die Altstadt. Und in der Altstadt liegt die kleine Aussichtsplattform mit herrlichem Blick über den See. Ein tolles Plätzchen für ein gemütliches Familienpicknick. Gut gestärkt kann sich der Nachwuchs anschließend auf dem nur wenige Gehminuten entfernten Spielplatz direkt am Wasser auspowern. Viel Power brauchen auch die Teilnehmer des traditionsreichen Strausseeschwimmens. Seit mehr als 90 Jahren bringen die Schwimmer über 1.250, 2.500 und 5.000 Meter Bewegung ins Wasser. Los geht's in der Badeanstalt Strausberg am Fichteplatz. Leichter und bei Kids besonders beliebt ist das sogenannte Querbeetschwimmen. Zuerst fährt man mit der Strausseefähre rüber ans andere Ufer, und dann schwimmen die Jungs und Mädels die etwa 350 Meter zurück zur Badeanstalt. Gut, dass der See so eine lange Bohne ist.

TIPP: Wechselnde, liebevoll gestaltete Tier- und Waldszenen dekoriert das Bestattungshaus Lamprecht in seinem Schaufenster in der Großen Straße 60.

Adresse Aussichtspunkt am Fischerkiez 1b, 15344 Strausberg // **ÖPNV** S5, Haltestelle Strausberg Stadt, weiter zu Fuß über Müncheberger Straße, rechts in die Große Straße, links in die Predigerstraße, rechts in die Georg-Kurtze-Straße, links in Fischerkiez // **Öffnungszeiten** immer zugänglich // für alle Altersstufen

101_DAS WETTER-MUSEUM

Mitmachen und ausprobieren erwünscht

Woher weiß man, wie das Wetter wird? Wer macht den Wind? Und wie misst man die Wärme der Luft? Die Antworten auf diese und andere Fragen gibt es in Lindenberg, im einzigen Wettermuseum Deutschlands. Hier werden Wetter- und Klimaforschung anschaulich erklärt. Mitmachen und Knöpfedrücken ist ausdrücklich erwünscht. Auf 160 Quadratmetern sind zahlreiche meteorologische Apparate ausgestellt. In Schubladen stecken Zusatzerklärungen oder Messgeräte zum Auseinandernehmen wie das Psychrometer. Wer will, lässt es regnen, gestaltet einen Regenbogen oder erzeugt Wind.

Der Klimazaun regt zum Nachdenken an. Die Zaunbretter zeigen die mittleren Jahrestemperaturen von 1907 bis heute. Je wärmer das Jahr, desto länger die Latte. 1940 war es am kältesten. 6,4 Grad Celsius. Die Latte ist entsprechend kurz. Seit den 1990er Jahren werden die Bretter länger. 2018 und 2019 der vorläufige Hitzerekord: 11,2 Grad Celsius. Wie warm wird es wohl dieses Jahr?

Toll ist die zwölf Meter hohe Ballonhalle, Baujahr 1936. Beim Eintreten richtet sich der Blick nach oben. Unter der Decke schweben Ballons, Großdrachen und Radiosonden. Sie waren für die Forschung und Wettervorhersage in luftigen Höhen unterwegs. Darunter auch Drache 329. Er stieg 1919 schwindelerregende 9.740 Meter hoch. Das ist Weltrekord, bis heute. Unbedingt ausprobieren: die Nachbauten der barocken Theatereffektmaschinen!

Adresse Herzberger Straße 21, 15848 Tauche-Lindenberg, barrierefrei, www.wettermuseum.de // ÖPNV Bahnhof Lindenberg // Anfahrt A 12, Ausfahrt Fürstenwalde-Ost, dann B 168 und L42 nach Lindenberg, Museum in der Nähe des Bahnhofs // Öffnungszeiten siehe Homepage // ab 4 Jahren

TIPP: Der Sauener Wald ist nur elf Kilometer entfernt. Erkunden kann man ihn mit einem Audioguide. www.stiftung-august-bier.de

102_DIE MINI-S-BAHNEN

Töff, töff, töff, die Eisenbahn, wer will …

Kleine Zugführer, fahrt nach Teltow Stadt. Auf dem Vorplatz der S-Bahn-Station stehen drei kleine süße Mini-S-Bahn-Züge. Na ja, eigentlich sind es Betonklötze: mehrere Meter lang und einen halben Meter hoch. Als Sitzgelegenheiten gedacht, ließ die Stadt die länglichen Quader aufstellen. Aber tristes Grau? Wer möchte da schon Platz nehmen? Im typischen Stadtbahn-Look sind sie doch viel toller. Kinder hüpfen über die Dächer der kleinen Züge. Sie balancieren, springen hoch und runter, jetzt wird es fast schon sportlich. Umsonst und draußen.

Einen Bahnhof Teltow gibt es schon seit 1901. Er liegt an der Bahnstrecke Berlin–Halle, auch als Anhalter Bahn bezeichnet. Der Regionalzug RE 4 steuert ihn an. Aber nicht verwechseln mit der S-Bahn-Station Teltow Stadt. Sie liegt knapp zwei Kilometer nordwestlich und ist das Küken unter den S-Bahnhöfen. Die Teilstrecke von Lichterfelde Süd bis Teltow Stadt ist 2.880 Meter lang und der jüngste Streckenabschnitt im gesamten S-Bahn-Netz. Die Station wurde 2005 eröffnet. Die S 25 aus Hennigsdorf und die S 26 aus Waidmannslust, die zuvor die Hauptstadt von Nord nach Süd auf einer der ältesten S-Bahn-Strecken Berlins aus den 30er Jahren durchfahren haben, enden hier. Alt und neu. Groß und klein. Womit wir wieder beim Vorplatz und den Mini-S-Bahnen wären. Töff, töff, töff … allein fahren mag ich nicht, da nehme ich mir den Opa … die Mama … den Schnuffelhasen mit.

TIPP: In der Privatrösterei Kaffeemanum leckeren Kaffee für zu Hause mitnehmen – oder gleich vor Ort (Ruhlsdorfer Platz 1) genießen.

Adresse Bahnhofsvorplatz an der Mahlower Straße, 14513 Teltow // **ÖPNV** S 25, 26, Haltestelle Teltow Stadt // **Öffnungszeiten** jederzeit // für alle Altersstufen

103_DAS MOTORIKMODUL

Der heiße Draht XXL

Mit beiden Händen umschließt ein Mädchen den großen Griff und sieht aus, als würde es gleich eine beidhändige Rückhand über den Wimbledon-Rasen schmettern. Jetzt fährt es mit der XXL-Öse aus Holz die Wellenform nach. Der Trick dabei: Das Gerät darf die Welle nicht berühren. So wie beim Geschicklichkeitsspiel »Der heiße Draht«, nur ohne Sound. Die Zungenspitze erscheint auf der Oberlippe des Kindes. Volle Konzentration. Diese plus etwas Ausdauer und Geschick braucht jeder, der sich am Motorikmodul in Teltow versucht. Und so viel ist klar: Es macht riesigen Spaß! Im Jahr 2017 ließ die Stadtverwaltung das Spielgerät auf dem beliebten Spazierweg auf dem Mauerweg mit der wunderschönen Kirschbaumallee aufbauen. Dort, wo einst die deutsche Teilung so deutlich sichtbar war, spazieren wir zwischen den Bäumen oder auf dem Weg, der prima für Kinderwagen und Laufräder geeignet ist.

Hand-Auge-Koordination, Gleichgewichtsschulung und Stärkung der Beinmuskulatur und Fußgelenke bietet das Modul. Die Challenge: eine Strecke mit Schrägelementen durchschreiten, dabei sind verdrehte Fußstellungen gewollt. Oder die verschiedenen Kippbretter mit ihren unterschiedlichen Bewegungen ausbalancieren. Gar nicht so einfach. Jetzt übt ein Papa auf den beweglichen Fußbrettern. Plötzlich rudert er wild mit den Armen. Er hat ganz schön Schieflage – bleibt aber oben. Geschafft. Er strahlt. Super Sache für große und kleine Geschicklichkeitskünstler!

TIPP: Ab Mitte April blühen die Kirschbäume und verwandeln den Mauerweg in ein rosarotes Blütenmeer. Ende April wird in Teltow das japanische Kirschblütenfest Hanami gefeiert.

Adresse Mauerweg, 14513 Teltow // **ÖPNV** S 25, 26, Haltestelle Lichterfelde Süd; Bus M 85, Haltestelle Ahlener Weg // **Anfahrt** über Lichterfelder Allee und/oder Ostpreußendamm, dann Schwelmer Straße bis zum Ende // **Öffnungszeiten** jederzeit // ab 2 Jahren

104_DAS TARZANSEIL

Mit Schwung ins Wasser platschen

Erst: »Aaahuohuohouh-ouh!« Kurz Stille, dann: »Platsch!« Sekunden später: »Sprutz!« Und sofort: »Noch mal!« Es ist ein herrlicher Tag im Spätsommer. Wir sind am Liepnitzsee. Auf der Insel Großer Werder. Dort baumelt an einem Baum das Tarzanseil. Mutige können sich damit übers Wasser schwingen und ins kühle Nass platschen lassen. Weniger Mutige wählen den herkömmlichen Weg. Auch okay.

Der Liepnitzsee nördlich von Berlin ist von den rund 3.000 Brandenburger Seen einer der schönsten. Das Wasser ist glasklar, die Wasserqualität hochgelobt. Unter Wasser tummeln sich Hechte, Karpfen, Zander und Co. Auf dem Wasser Schlauch-, Tret- und Ruderboote. Dazwischen Haubentaucher, Enten, Schwimmer und – seit Neuestem – Stand-up-Paddler. Motorboote sind verboten. Einzige Ausnahme: die Fähre Frieda. Sie tuckert im Sommer zur Insel Großer Werder. Im Stundentakt bringt sie Fahrgäste von den beiden Fähranlegestellen am Nord- und Südufer hin und wieder zurück. Die kurze Überfahrt macht Spaß. Auf der Insel angekommen, geht es zu Fuß weiter. Vorbei an der Insulaner Klause, am Campingplatz, der den Großteil der Insel einnimmt, und an zahlreichen Badestellen. Die größte befindet sich an der Südwestspitze der Insel. Dort hängt auch das Tarzanseil. Jetzt schnell in die Badesachen geschlüpft und mit »Aaahuohuohouh-ouh!« ins Wasser geplatscht.

Adresse Liepnitzsee, 16348 Wandlitz // ÖPNV Bahnhof Wandlitz, weiter zu Fuß über Lanker Weg, circa 35 Minuten // Anfahrt A 114, Ausfahrt Schönerlinder Straße, dann B 109 und L 29 nach Ützdorf, hinter dem Ortseingangsschild rechts Richtung »Zeltplatz am Liepnitzsee«, Parkplätze vorhanden // Öffnungszeiten Fähre April–Nov., Fährzeiten unter www.liepnitzinsel.de // ab 7 Jahren (ab Freischwimmer)

TIPP: Leinen los:
Beim Bootsverleih am Eingang zum Waldbad kann man sich ein Ruder- oder Tretboot ausleihen und einmal um die Insel schippern.

105_DIE LESE-LAUBE

Bücher to go und Storchen-Show

Schnurgerade zieht sich der Lange Trödel durch Zerpenschleuse. So heißt hier der zehn Kilometer lange Abschnitt des Finowkanals, der ältesten noch schiffbaren Wasserstraße Deutschlands. Seit 400 Jahren verbindet der Finowkanal die Havel mit der Oder. Nachdem der nicht weit entfernte Oder-Havel-Kanal 1914 in Betrieb genommen wurde, verlor der Finowkanal an Bedeutung. Die Schleusen in Zerpenschleuse wurden zugeschüttet, die Zugbrücken abgerissen. Das so entstandene stehende Gewässer bekam den wunderbaren Namen Langer Trödel. Einen Trödelmarkt sucht man jedoch vergeblich. Der Name entstand aus den Wörtern treideln und trödeln.

Ein bisschen Trödel – in Papierform und umsonst – gibt es dann aber doch in der Liebenwalder Straße gleich hinter der Hubbrücke Forststraße. Dort steht die Lese-Laube. Das Bushaltestellenhäuschen hatte irgendwann ausgedient und wurde von Zerpenschleusern vor einigen Jahren umgebaut. Sie wollten alten Büchern ein neues Zuhause geben. Seitdem stapelt sich auf fünf Quadratmetern der Lesestoff. Die Auswahl ist überraschend groß: Kinderbücher, Romane, Biografien und wissenschaftliche Abhandlungen. Fast alles ist vertreten. Martin Walser steht neben Umberto Eco. In einem Koffer liegen Michael Ende und Cornelia Funke. Das Besondere: Ab Juli zeigen die Jungstörche im Nest gegenüber ihre ersten Flugversuche. Das ist (fast) spannender als ein Buch.

Adresse Liebenwalder Straße/Alte Lindenstraße, 16348 Wandlitz-Zerpenschleuse // ÖPNV Bahnhof Ruhlsdorf-Zerpenschleuse, weiter mit Bus 902, Haltestelle Zerpenschleuse Dorf, oder zu Fuß den langen Trödel entlangschlendern // Anfahrt A 11, Ausfahrt Lanke, weiter auf L 31 bis Zerpenschleuse, dort dem Kanal folgen // Öffnungszeiten ganzjährig zugänglich // ab 4 Jahren

TIPP: Beim Paddeln auf dem Langen Trödel kann man Biber, Kraniche oder den Eisvogel beobachten. Kanus gibt's im Kanuverleih TiBo.

106_DAS KLEINSTE SÄGEWERK

Holzkunst mit der Laubsäge

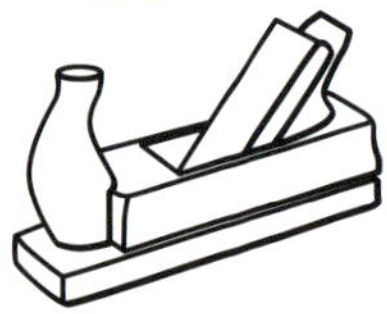

Sind wir hier im Vorzimmer des Weihnachtsmannes? So empfand es jedenfalls eine Kundin, die das kleinste Sägewerk Brandenburgs besuchte. Sie hielt inne, bevor sie den 45 Quadratmeter großen Verkaufsraum in der kleinen Blockhütte betrat. »Dit jing runter wie Öl«, sagt Bernd Eilitz. Er ist nicht der Weihnachtsmann, aber mit seinen handwerklichen Fähigkeiten für die kleinen Schätze verantwortlich: Hunderte filigrane Holzsägearbeiten. Osterdekoration und Weihnachtsschmuck. Engelchen und kleine Schaukelpferd-Anhänger. Puzzles und liebevoll gestaltete Märchenmotive.

Seit 20 Jahren verbringt der Autodidakt mehrere Stunden täglich in seiner kleinen Werkstatt, dem eigentlichen Sägewerk. Alles entsteht in Handarbeit aus hochwertigem Sperrholz und mit Präzisionswerkzeug. Nix Baumarkt. Die Sägeblätter haben eine Feinheit von bis zu 0,18 Millimeter. Ritsch, ritsch, ratsch. In wenigen Augenblicken ist der erste Kreis ausgesägt, und der kleine Osterhase hat ein Auge. Die Vorlagen entstehen am Computer, dann werden sie ausgedruckt und aufgeklebt. Dass sich Eilitz mal versägt, kommt selten vor, aber wenn … »Dann ist der Ärger groß«, gibt er zu. Für alle, die selbst mal die Säge schwingen wollen, bietet das Werk in den Sommermonaten dreistündige Workshops an. Ab September beginnt im Sägewerk die Weihnachtszeit. Die Produktion läuft auf Hochtouren, um die Kundenwünsche zu erfüllen. Doch ein bisschen Weihnachtsmann?

Adresse Adolf-Reichwein-Straße 9, 16356 Werneuchen-Tiefensee, Tel. 033398/68085 // ÖPNV Bahnhof Werneuchen, weiter mit Bus 887, Haltestelle Tiefensee Dorf // Anfahrt Sägewerk direkt an der B 158 // Öffnungszeiten Mo–Do 9.30–12 und 13.30–18 Uhr, Sa, So, Feiertage 9.30–18 Uhr, Workshops Mai–Sept. jeweils 2. und 4. Sa nach Anmeldung // Workshop ab 12 Jahren // für alle Altersstufen

TIPP: Eine einstündige Wanderung führt einmal um den Mittelsee. Dabei kommt man am »Malerblick« vorbei, einem Punkt mit wunderschöner Aussicht. Toll für ein Picknick.

107_DIE »COOL CAT«

Tierisches Graffito

Sonnenbrille auf. Coole Pose. Klick! Das beste Insta-Motiv für alle Mami-Blogger gibt es in Wittenberge. Glaubt ihr nicht? Doch. Kind und Katze auf einem Bild. Besser geht's nicht! Und das in schick urbaner Graffiti-Optik. Das hatte Tierarzt Andreas Slomka nicht im Kopf, als er 2017 das große Katzenmotiv auf seinem Garagentor in Auftrag gab. Die Idee entstand eigentlich als Anti-Tag-Maßnahme. Immer wieder wurden Schriftzüge auf das Tor gesprüht. Schluss damit. Der Grafiker Jan Slomka alias Sprühfunke entwickelte gemeinsam mit seinem Vater das Motiv. Es sollte zur Tierarztpraxis dahinter passen und mit Tieren zu tun haben. So entstand die »Cool Cat«. Es waren auch noch andere Motive im Rennen, aber die Katze, entwickelt nach einem Fotomotiv des Künstlers Igor Korionov, gefiel am besten.

Etwa fünf bis sechs Spraydosen Farbe verbrauchte Sprühfunke. Zunächst musste der Hintergrund richtig deckend übermalt werden. Das Tor ist aus Holz und saugt deshalb ziemlich viel Farbe auf. Danach arbeitete er in mehreren Graustufen, Schwarz und Weiß die Katze aus. Am Ende kamen mit den Blautönen die Flammen als Outline und Lichteffekte in der Brille hinzu. Alles in allem eine Arbeit von zwei bis drei Tagen mit der Entwicklung der Skizze. Neue Tags? Fehlanzeige. Die »Cool Cat« wird respektiert. Ist ja auch ein echter Hingucker, das mega »Haustier« von Tierarzt Slomka. Und vermutlich die größte Miezekatze Brandenburgs.

Adresse Große Wallstraße 14, 19322 Wittenberge // **ÖPNV** Bahnhof Wittenberge, weiter mit Bus 942, 944, 945, 957, 958, Haltestelle ZOB, zu Fuß Richtung Steintor 500 Meter weiter durch die Altstadt // **Anfahrt** Ausschilderung Richtung Altstadt folgen // **Öffnungszeiten** immer zugänglich // für alle Altersstufen

TIPP: Der Spaziergang über die Elbuferpromenade führt vorbei an den alten Slipanlagen und Speichern. Sehenswert und interessant.

108_DER KLETTERTURM

Hoch hinaus und rübergesaust

Holzpfähle mit kleinen Plattformen in sportlicher Höhe und Hunderte Seile schmücken das Innere des 13 Meter hohen, achteckigen Turms. Er ist Teil einer alten Industrieanlage aus der Mitte des 19. Jahrhunderts und seit 2012 ein Kletterparadies in der Prignitz. Die Alte Ölmühle in Wittenberge am Elbufer hat schon einiges erlebt. Bereits 1823 erwarb der Kaufmann Salomon Herz aus Berlin das Grundstück und ließ eine Ölmühle errichten. Aus Rüben, Raps und Leinen wurde Rohöl hergestellt, das hauptsächlich als Schmiermittel für Maschinen diente. Zu DDR-Zeiten wurden im VEB Märkische Ölwerke Wittenberge ebenfalls Öle für technische Zwecke hergestellt sowie Speiseöle: zum Beispiel Margarine und Kokosöl. Die Grundzutat für Letzteres kam per Schiff über die Elbe aus dem sozialistischen Bruderstaat Kuba.

Seit 1992 stehen Speichergebäude, Mühle und Verwaltungsbau unter Denkmalschutz. Es ist schon etwas Besonderes, im imposanten ehemaligen Öltank-Oktaeder mit seinen zehn Metern Durchmesser seine Geschicklichkeit beim Hochseil-Indoorklettern unter Beweis zu stellen. Dafür stehen zwei verschiedene Parcours zur Verfügung, mit unterschiedlichen Höhen und Längen je nach Mut, Kraft und Können. Das Highlight ist die 45 Meter lange Seilfahrt. 13 Meter über dem Boden saust man zwischen den alten Backsteingebäuden durch die Luft. Wow. An der gegenüberliegenden Wand wird weitergeklettert. Anschließend gibt es eine weitere Seilbahnfahrt zurück. Geschafft. Glücklich. Stolz.

TIPP: Der höchste frei stehende Uhrenturm auf dem europäischen Festland (49,40 Meter) gehört zum ehemaligen Nähmaschinenwerk. Nicht zu übersehen!

Adresse Bad Wilsnacker Straße 52, 19322 Wittenberge, www.kletterturm-wittenberge.de // **ÖPNV** Bahnhof Wittenberge, weiter zu Fuß, etwa 15 Minuten // **Anfahrt** A 24, Ausfahrt Pritzwalk, weiter auf B 189 bis Wittenberge, dann Richtung Zentrum // **Öffnungszeiten** nur auf Anfrage Mi–So 13–18 Uhr, Turm in den Herbst- und Wintermonaten beheizt // ab 6 Jahren (bis 12 Jahre nur in Begleitung eines Erwachsenen), Mindestgröße 1,30 Meter

109_ DIE HOCHJEKLAPPTE

Alles steht und staunt

Tonnenweise Stahl steigt empor wie ein Transformers-Roboter. Und irgendwie geht es ja auch um Verwandlung: Wenn in Woltersdorf geschleust wird, entsteht aus der zweispurigen Straße ein imposanter Betonkoloss, der senkrecht in den Himmel ragt. Seit 1882 ist die Kammerschleuse in Betrieb und verbindet die Rüdersdorfer Gewässer mit der Spree. Sie ist eine der wenigen in Brandenburg mit Klappbrücke. 1998 wurde die Anlage umfangreich saniert. Geschleust wird für die Berufsschifffahrt von morgens bis nachmittags, in den Sommermonaten am Wochenende bis in den Abend. Sportboote werden mitgeschleust.

Drei Boote fahren in die Schleusenkammer ein. Sie werden vertäut. Dann gurgelt das Wasser hinein. Die Fallhöhe beträgt 2,10 Meter. Das ist der Höhenunterschied zwischen Flakensee und Kalksee, der nun überwunden werden muss. Nach etwa 15 Minuten öffnen sich langsam die Tore des Schleusentrogs. Jetzt kommt das große Finale: Ein Signal ertönt, und die Schranken auf der Straße schließen. Von der Fußgängerbrücke aus gibt es den besten Überblick. Direkt vor der Nase, fast zum Anfassen nah, hebt sich die Brücke samt Fahrbahn empor. »Früher hamse dit noch von Hand jemacht«, sagt die ältere Dame neben mir. Schwer vorstellbar, während sich das massige Gegengewicht vor unseren Augen niedersenkt. Heute läuft alles hydraulisch. Der Schichtleiter bedient die Schleusentore und die Klappbrücke aus einem zentralen Steuerstand. Über Kameras hat er den Verkehr im Blick.

TIPP: Im Café Knappe unbedingt den leckeren Kuchen in Dreiecksform probieren: Strawberry Cheesecake, Mohn-Sahne, Schwarzwälder Kirsch.

Adresse An der Schleuse 2, 15569 Woltersdorf // **ÖPNV** S 7, Haltestelle Berlin-Rahnsdorf, weiter mit Tram 87, Haltestelle Woltersdorf Schleuse // **Anfahrt** A 10, Ausfahrt Rüdersdorf // **Öffnungszeiten** immer zugänglich, Betriebszeiten unter www.elwis.de // ab 2 Jahren

110_DIE LINIE M 87

Fahrt mit der alten Bimmelbahn

Drrring, dring. Es bimmelt. Die Signallampen blinken. Dann setzt sich die Straßenbahn in Bewegung. Auf dem Weg von Rahnsdorf zur Woltersdorfer Schleuse saust die M 87 als Erstes durch den Wald. Etwa ein Drittel der eingleisigen Strecke liegt nämlich im Karlshorster Forst. Die Bäume fliegen an den Fenstern vorbei. Auf gerader Strecke geht es überraschend schnell. Das macht Spaß! Die Kinder drücken ihre Nasen an den Scheiben platt.

Jetzt kurvt die M 87 auf der Berliner Straße den Berg hoch. Man gönnt ihr die Pause an der nächsten Haltestelle. Drrring, dring. Dass wir jetzt eher langsam unterwegs sind, ist ganz schön. So dauert die Fahrt etwas länger. Eine gute Viertelstunde braucht die Tram für die neun Haltestellen auf der 5,6 Kilometer langen Strecke. Gefahren wird tagsüber meist im 20-Minuten-Takt.

Die Flotte der Woltersdorfer Straßenbahn umfasst historische Sonderfahrzeuge, Spezialfahrzeuge wie einen Schienenschneepflug und neun Linienfahrzeuge. Sie sind im Schnitt 60 Jahre alt und etwas aus der Zeit gefallen. Aber das ist ja das Tolle. Dennoch: Drei neue vierachsige Fahrzeuge vom Typ Moderus Gamma LF 10 AC BD sollen kommen. Sie sind barrierefrei, das ist heute wichtig. Für den Fahrspaß mit der M 87 genügt ein Anschlussticket C des Verkehrsverbundes Berlin-Brandenburg. Drrring, dring. Endstation. Schade, schon vorbei. Wir freuen uns jetzt schon auf die Rückfahrt auf der seit 1913 nahezu unveränderten Strecke einer der kleinsten Straßenbahnunternehmen Deutschlands.

TIPP: Der 25 Meter hohe Aussichtsturm auf dem Kranichberg ist nur wenige Gehminuten von der Endhaltestelle entfernt.

Adresse S-Bahnhof Berlin-Rahnsdorf, 12589 Berlin // **ÖPNV** S 3, Bahnhof Berlin-Rahnsdorf // **Öffnungszeiten** täglich, Kernzeit im 20-Minuten-Takt Mo–Fr 8–20 Uhr, Sa, So, Feiertage 9–21.30 Uhr, Fahrplan unter www.woltersdorfer-strassenbahn.de // ab 2 Jahren

111_DER GEOPARK

Eiszeitspuren entdecken

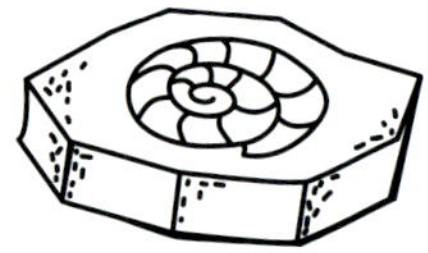

Mammut Georg steht vor uns. Lebensgroß mit langen Stoßzähnen. Ui. Natürlich ist es nicht echt. Seine Artgenossen lebten ja während der letzten Eiszeit. Dieser Abschnitt der Erdgeschichte ist Thema der umfangreichen Ausstellung im Infozentrum Geopark Eiszeitland am Oderrand in Groß Ziethen. Es liegt im geologischen Kerngebiet des Parks, der sich über die Landkreise Barnim, Märkisch-Oderland und Uckermark erstreckt. Die letzte Kaltzeit, auch Glazial genannt, ist mehr als 10.000 Jahre her. Als das Eis sich zurückzog, hinterließ es in der Landschaft deutliche Spuren, die bis heute sichtbar sind. Durch das steinerne Eingangstor geht es auf die etwa sechs Kilometer lange Erkundungstour. Der Weg führt über eine pittoreske Kopfsteinpflasterstraße durch die Hügellandschaft. Einfach schön. Hinter der Sperlingsherberge fällt der Blick auf die Endmoräne und das beeindruckende Geschiebe. Eine hohe Wand aus Sand und groben Findlingen erhebt sich vor uns. Davor liegt die ehemalige Steingrube, in der vor Generationen Tagebau betrieben wurde. Heute steht hier die größte Sonnenuhr Brandenburgs. Dicke Steine – was sonst? – markieren die Zahlen. An einer Stelle führt ein Weg in das UNESCO-Weltnaturerbe Buchenwald Grumsin. Mit einem Spaziergang unter den hohen Bäumen, vorbei an den Design-Steinen (findet mal heraus, was das bedeutet), gelangen wir schließlich zurück zum Ausgangspunkt. Eiszeitspuren? Cool.

Adresse Zur Mühle 51, 16247 Ziethen-Groß Ziethen // Anfahrt A 11, Ausfahrt Joachimsthal, weiter auf B 198, Ausschilderung folgen // Öffnungszeiten Geopark immer zugänglich, Infozentrum: April–Okt. Mi–So, Feiertage 10–15 Uhr // ab 5 Jahren (2-Stunden-Wanderalter)

TIPP: Ganz in der Nähe liegt der Drebitzberg, der auch Karnickelberg genannt wird. Vielleicht hüpft euch eines der zahlreichen Häschen vor die Füße?

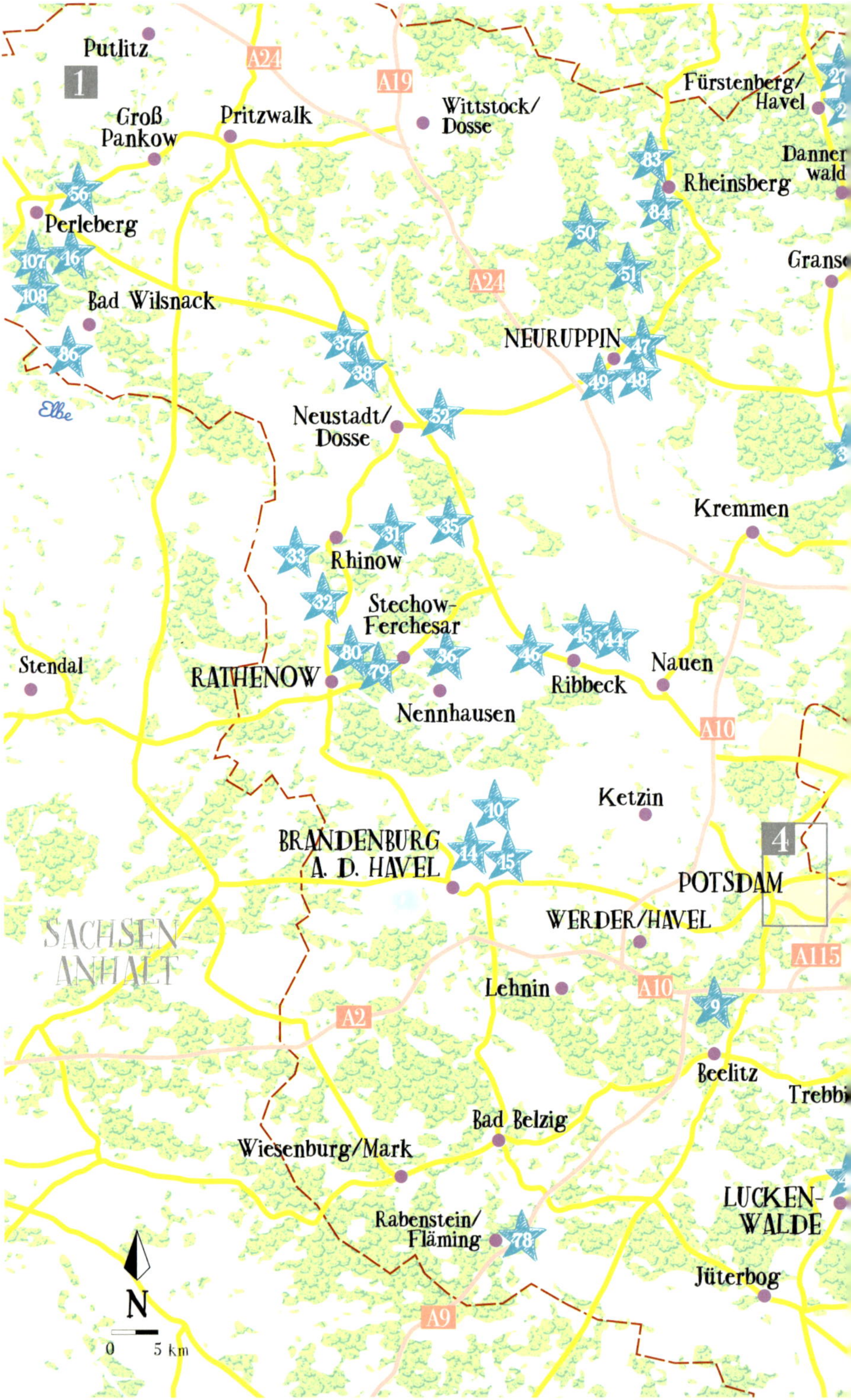

Putlitz
1
A24
A19
Wittstock/
Dosse
Fürstenberg/
Havel
Groß
Pankow
Pritzwalk
Danner
wald
Rheinsberg
Perleberg
Bad Wilsnack
Gransee
NEURUPPIN
Elbe
Neustadt/
Dosse
Kremmen
Rhinow
Stechow-
Ferchesar
Stendal
RATHENOW
Nennhausen
Ribbeck
Nauen
A10
Ketzin
BRANDENBURG
A. D. HAVEL
4
POTSDAM
WERDER/HAVEL
SACHSEN-
ANHALT
A115
Lehnin
A2
Beelitz
Trebbi
Bad Belzig
Wiesenburg/Mark
LUCKEN-
WALDE
Rabenstein/
Fläming
Jüterbog
A9
N
0
5 km

Oberbarnim
Seelow
2
BERLIN
Müncheberg
Rüdersdorf
Falkenhagen/ Mark
Lebus
FÜRSTEN-WALDE/SPREE
Rauen
FRANKFURT/ ODER
Bad Saarow
Storkow/Mark
Groß Köris
Tauche
Beeskow
EISEN-HÜTTENSTADT
Neuzelle
Baruth/ Mark
Lieberose
Schenkendöbern
Straupitz
Lübbenau/ Spreewald
Dissen
Vetschau/ Spreewald
Calau
COTTBUS
Forst (Lausitz)
erzberg/ Elster
Altdöbern
Doberlug-Kirchhain
Spremberg
Plessa
SENFTENBERG
Elsterwerda
Schwarzheide
Ortrand
SACHSEN
N
0 5 km
A10
A12
A13
A15
A113
111

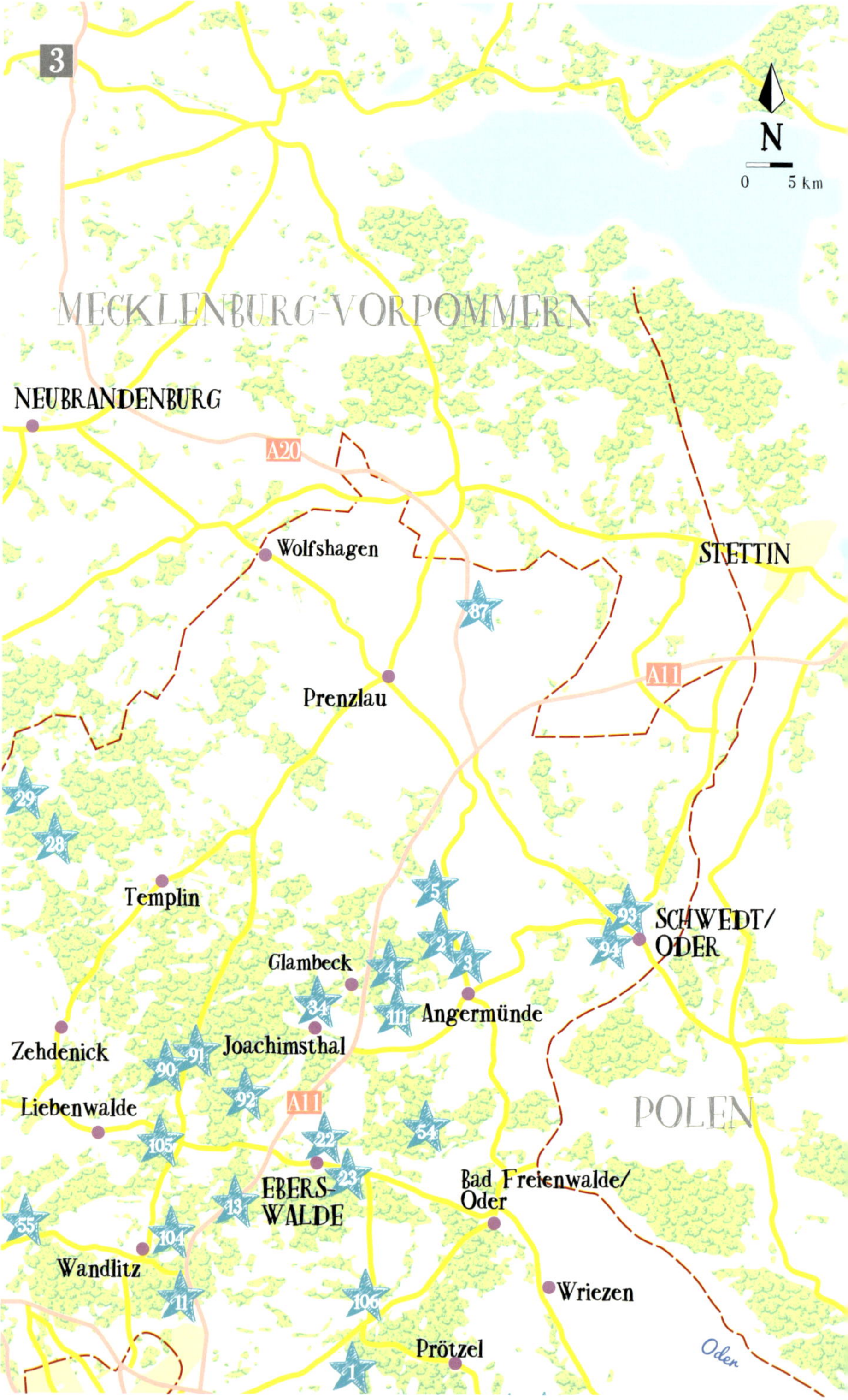
3
N
0 5 km
MECKLENBURG-VORPOMMERN
NEUBRANDENBURG
A20
Wolfshagen
STETTIN
87
A11
Prenzlau
29
28
Templin
5
93
SCHWEDT/
ODER
2
3
94
Glambeck
4
34
111
Angermünde
Zehdenick
91
Joachimsthal
90
92
A11
Liebenwalde
54
POLEN
22
105
23
Bad Freienwalde/
Oder
EBERS-
WALDE
13
55
104
Wandlitz
Wriezen
11
106
Prötzel
Oder
1

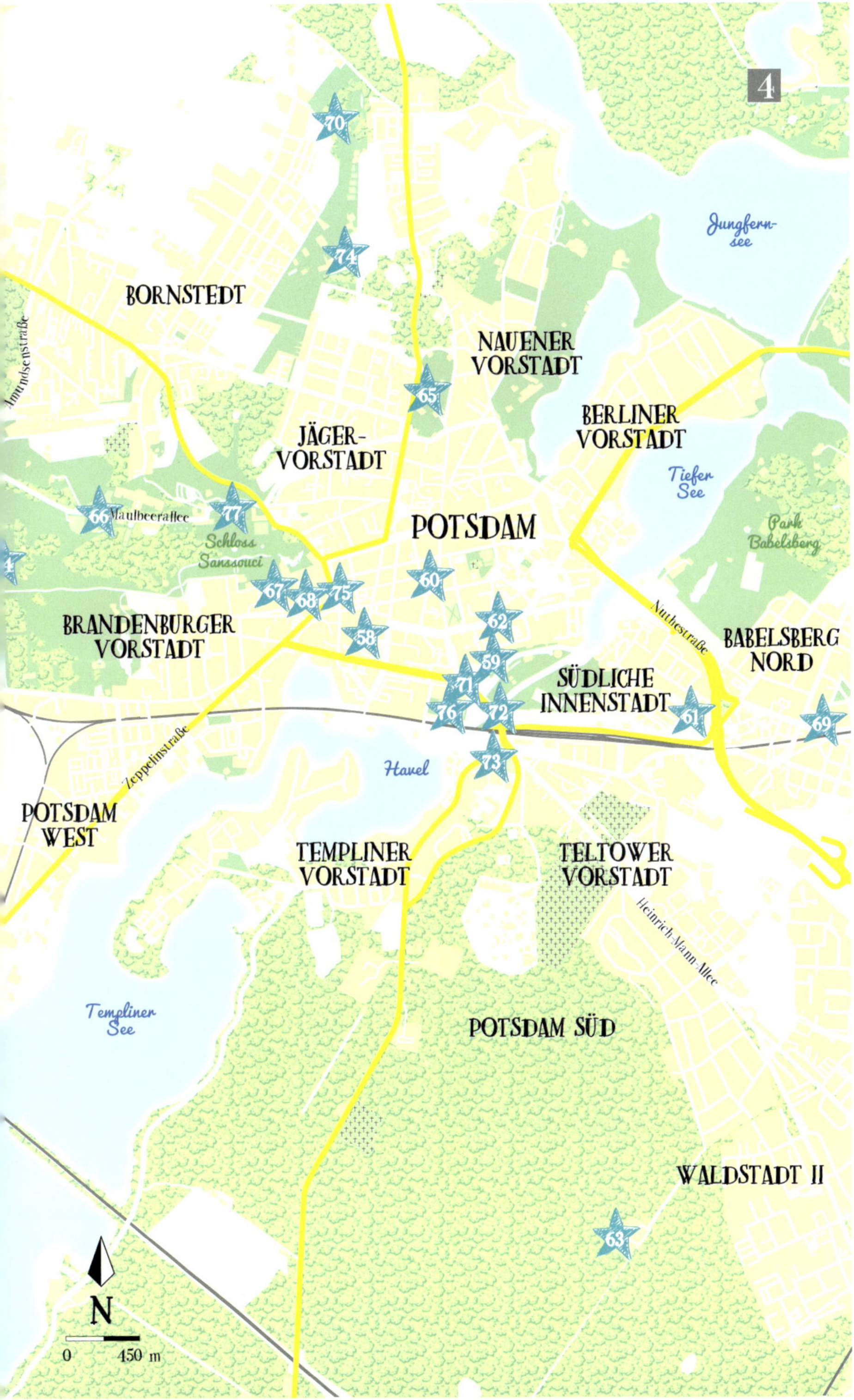
4
70
74
Jungfernsee
BORNSTEDT
NAUENER VORSTADT
Amundsenstraße
65
BERLINER VORSTADT
JÄGER-VORSTADT
Tiefer See
66
Maulbeerallee
77
POTSDAM
Park Babelsberg
Schloss Sanssouci
60
67
68
75
62
BRANDENBURGER VORSTADT
58
Nuthestraße
BABELSBERG NORD
59
SÜDLICHE INNENSTADT
71
76
72
61
69
Zeppelinstraße
73
Havel
POTSDAM WEST
TEMPLINER VORSTADT
TELTOWER VORSTADT
Heinrich-Mann-Allee
Templiner See
POTSDAM SÜD
WALDSTADT II
63
N
0
450 m

5
A20
3
MECKLENBURG-VORPOMMERN
A14
NEUBRANDENBURG
A19
A20
A24
A11
1
Wittstock/
Dosse
A11
A24
EBERSWALDE
Elbe
BRANDENBURG
Oder
Stendal
BERLIN
BRANDENBURG
A. D. HAVEL
A10
A10
4
FRANKFURT/
ODER
A2
POTSDAM
A12
MAGDEBURG
SACHSEN-
ANHALT
A9
A13
Elbe
A15
COTTBUS
A14
A13
Elbe
LEIPZIG
N
2
SACHSEN
0
15 km
A4
A14
DRESDEN

Meike Spanner, Stephan Hollich
111 Orte für Kinder in Ostfriesland, die man gesehen haben muss
ISBN 978-3-7408-1095-5

Sina Beerwald
111 Orte für Kinder auf Sylt, die man gesehen haben muss
ISBN 978-3-7408-0840-2

Katja Josteit
111 Orte für Kinder in Kiel, die man gesehen haben muss
ISBN 978-3-7408-0641-5

Alexandra Schlennstedt,
Jost Schlennstedt
111 Orte für Kinder in und um Lübeck, die man gesehen haben muss
ISBN 978-3-7408-0845-7

Daniela Clément
111 Orte für Kinder in Hamburg, die man gesehen haben muss
ISBN 978-3-7408-2010-7

Daniela Krause
111 Orte für Kinder in und um Bremen, die man gesehen haben muss
ISBN 978-3-7408-2037-4

Isa Grütering, Natascha Korol,
Theresia Koch
111 Orte für Kinder in Berlin, die man gesehen haben muss
ISBN 978-3-7408-1546-2

Priska Lachmann
111 Orte für Kinder in Leipzig, die man gesehen haben muss
ISBN 978-3-7408-1834-0

Jenny Menzel
111 Orte für Kinder in Dresden, die man gesehen haben muss
ISBN 978-3-7408-2181-4

DANKSAGUNG

Wir bedanken uns bei allen Menschen, die ihre Geschichten mit uns geteilt haben, und den Mitarbeiter*innen in den Stadtverwaltungen, Vereinen und Museen, die uns bei den Recherchen für dieses Buch unterstützt haben. Besonders in der Zeit, als unser Endspurt während der Corona-Krise kräftig durcheinandergeriet, half ihr Engagement uns, optimistisch zu bleiben.

Ein dickes Dankeschön an die Muttis Antje, Claudia, Gebke, Elisabeth, Jeanette, Ola, Sarah, Uta und an Robert, die uns mit vielen tollen Tipps versorgt haben. Danke, Josefine, dass du uns deine Kids ausgeliehen hast. Danke, Daze, für die Unterstützung. Danke, Jens aka »Carlos the Driver«, Ole, Jonna und Nils. Ihr seid die Besten!

Janine Eck, geboren in Berlin, studierte M.A. Kulturwissenschaft und Neuere Deutsche Literatur, Schwerpunkt Comics. Seit 2006 ist sie für das »Lustige Taschenbuch« in Entenhausen unterwegs. Darüber hinaus ist sie freiberuflich als Redakteurin und Autorin tätig und veröffentlichte mehrere Kinderbücher. Die Wälder und Seen Brandenburgs sind ihr von klein auf vertraut. Bei der Recherche zu diesem Buch kamen viele Kindheitserinnerungen hoch.

Kristina Offermann, geboren 1973 in Berlin, ist freie Autorin. Nach ihrer Buchhändlerlehre absolvierte sie ein Volontariat und arbeitete viele Jahre als Redakteurin beim »Micky-Maus-Magazin«. Seit 2013 schreibt sie für verschiedene Verlage und auf montagmorgen.berlin. Mit ihrer Familie lebt sie mitten in der Hauptstadt. Wenn die fünf die Schnauze voll haben vom Großstadttrubel, jeht's raus – nach Brandenburg.